Wie man deutsche Briefe schreibt

독일어편지쓰는법

문학박사 徐石演 著

머 리 말

오늘의 국제화·세계화의 줄기찬 흐름속에서 외국어의 정확한 습득과 그 활용은 절실한 문제로 대두되고 있다. 특히 눈부신 발전을 거듭하고 있는 EU에 대한 우리의 관심은 나날이 높아가고 있는 엄연한 현실이다.

이러한 상황속에서 그들과의 상호 이해와 협조에 불가결한 것은 서로의 의사소통과 전달이다.

이 책은 그러한 절실한 필요에 따라서 엮어진 것이며, 이 책에는 독일어 서간문을 쓰는 방법에 대한 만반의 주의가 완벽하게 설명되어 있음은 물론이며, 풍부한 예문 역시 하나의 큰 특징이다. 더욱이 전보치는 방법, 상용서간, 펜팔, 훈보르트 유학의 출원수속, 이력서 쓰는법 등, 실제로 도움이 되는 점이 거의 망라되어있다. 그러므로 이 책이 옳바른 평가를 받고 많은 독자들의 사랑을 받기를 간절히 바라는 바이다.

끝으로 21세기를 향해 전진하는 우리나라의 젊은 엘리트들을 위해 양서 출판에 심혈을 기울이고 있는 신진기예(新進氣銳)인 문예미디어의 서덕일 사장님의 열의와 선견(先見) 및 협력에 의해 이 책이 햇빛을 보게 된데 대한 감사의 뜻을 이 자리를 빌어 표하는 바이다.

1996년 9월

徐 石 演

차 례

I. 편지쓰는법

1. 편지를 쓰는 순서 11
2. 편지를 쓰는 마음가짐 11
3. 주소와 날짜 12
4. 호칭의 말 15
5. 본 문 17
6. 서두쓰기 18
7. 맺 음 23
8. 봉투쓰는 법 35
9. 우편번호 41
10. 봉투의 주소, 성명, 호칭, 맺음의 관계 43
11. 엽서쓰는법 49

II. 사신의 예문

1. 초대의 편지 및 승낙과 거절의 편지 52
   1) 식사초대 52
   2) 극장으로의 초대 56
   3) 축구 경기장에의 초대 60
   4) 축연에의 초대 64

5) 초　대 ·· 66
2. 축하편지와 문상편지 ··· 70
　1) 탄　생 ·· 70
　2) 탄생일 ·· 72
　3) 약　혼 ·· 76
　4) 결혼식 ·· 76
　5) 서　거 ·· 78
　6) 크리스마스와 신년 ·· 80
3. 하이킹이나 여행지에서의 편지와 엽서 ························· 86
　1) 엽　서 ·· 86
　2) 편　지 ·· 90

Ⅲ. 전　보

1. 전문의 실례 ·· 98
　1) 축하전보 ·· 98
　2) 불행을 알리는 전보 ·· 100
　3) 조·전 ·· 102
　4) 호텔방 신청 ·· 102
　5) 여　행 ·· 104
　6) 기　타 ·· 108

Ⅳ. 펜·프렌드

1. 광　고 ·· 112

V. 상용서간

1. 상업문의 쓰는법 ·· 121
  1) 조회문의 첫시작 ······································ 122
  2) 제공 요청에 대한 답서의 첫시작 ··············· 122
  3) 주문문의 첫시작 ···································· 122
  4) 주문문에 대한 답서의 서두 ······················ 124
  5) 인도 안내장의 서두 ································ 124
  6) 청산서의 첫 서두 ··································· 126
  7) 수령증의 서두 ······································· 126
  8) 상업서간의 서두 ···································· 128

2. 거래의 경과 ·· 133
  1) 주문의 편지 ··· 134
  2) 답　장 ·· 136
  3) 가격일람표 ·· 138
  4) 인수증 첨부 계산서 ································ 139
  5) 계산서 ·· 140
  6) 화물포장 재료의 반환 독촉문 ··················· 142
  7) 엄중한 독촉문 ······································· 144
  8) 업무용 편지지의 서두 ····························· 146

VI. 알렉산더·폰·훈볼트 재단 장학금에 대한 응모

1. 원서 등 서류의 청구 ···································· 148

2. 청원서 ·· 150
3. 청원의 편지 ·· 152
4. 알랙산더·폰·훈보르트 재단원서 ···························· 154
5. 이력서 ·· 156
6. 이력서 ·· 158
7. 이력서 ·· 160
8. 추천장 ·· 162
9. 추천장 ·· 164
10. 독일어의 능력 증명서 ··· 166
11. 독일어의 능력 증명서 ··· 168
12. 편지의 번역의 정정을 부탁하는 편지 ··············· 170
13. 서식용지에 기입하는 도움을 청하는 편지 ······· 172
14. 독일어 능력 증명서를 부탁하는 편지 ··············· 174
15. 제출서류 ··· 176
16. 개인교수를 부탁하는 편지 ································· 178
17. 협력에 대한 감사 편지 ······································· 180
18. 독일의 풍습에 관하여 가르침을 바라는 편지 ······ 182
19. 소개를 바라는 편지 ··· 184
20. 지원의 결과를 알리는 편지 ······························· 186
■ 가장 많이 쓰여지는 생략 기호 ······························ 192

Ⅶ. 부 록

■ 편지에서 가장 많이 쓰여지는 어휘 ······················ 199

1. 편지를 쓰는 순서

Ⅰ. 편지쓰는법

1. 편지를 쓰는 순서 (Form des Briefes)

　독일어 편지는 우선 처음에 주소(Wohnort), 날짜(Datum)를 다음에 수신인에 대한 호칭의 말(Anrede)을 그리고 본문(Inhalt)에 들어갑니다. 본문이 끝난 뒤에 「불비」「경구」「안녕히」따위에 해당되는 맺음의 말(Schuß)을 쓰고 최후에 발신인(Absender)의 서명(Unterschrift)을 합니다. 그것을 그림으로 표시하면 다음과 같이 됩니다.

```
                            Seoul, den 10. März 1995
     Sehr geehrter Herr Keil !
     Schon lange wollte ich Ihnen schreiben, aber erst
  heute komme ich dazu, diese Absicht zu ver-
  wirklichen ........................................
  ........................
                            Ihr sehr ergebener
                                  Segol So
```

2. 편지를 쓰는 마음가짐 (Leitsätze für Briefschreiber)

　무엇보다도 성명과 주소를 틀리지 않고 정확하게 쓰지 않으면 안됩니다. 이름을 틀리게 쓰는 것은 대단한 실례입니다.

I. 편지쓰는법

타이프라이터의 사용은 자필을 필요로 할 때 이외에는 모든 경우에 사용해도 상관 없습니다. 자필이 필요한 경우란 예를들면 이력서에서 자필로 규정되어 있는 경우입니다. 타이프로 친 편지에 개인적인 뉘앙스를 주려 한다면 맺음의 말 예를들면 … Ihr sehr ergebener … 이라든가 Mit herzlichen Grüßen Ihr … 따위라는 말을 자필로 첨가하면 될 것입니다.

자필의 편지는 깨끗이 읽기 쉽게 쓰지 않으면 안됩니다.

편지도 서명도 모두 잉크로 씁니다. 부득이한 특별한 경우 이외에는 연필을 사용해서는 안됩니다.

서간용지는 상질인 것이 아니면 안됩니다. 편지의 용지와 체제는 흔히 필자의 인격의 표현이라고 인정되는 경우가 있습니다.

편지의 답장은 지연되지 않도록 주의하지 않으면 안됩니다.

편지의 내용은 정중하고, 구체적이고 명확하지 않으면 안됩니다.

3. 주소 (Wohnort)와 날짜 (Datum)

주소는 보통 발신지의 시·구·동명만 쓰면 됩니다만, 만일 상대가 이쪽 주소를 모를 때에는 반드시 명확하고, 상세하게 기술해야 합니다. 그 경우는 다음가 같이 됩니다.

A

Segol So　　　Seoul, den 10. März 1995
Sehr geehrter Herr Keil !

　　　………………………………………
　　　………………………………………
　　　………………………………………

독·일·어·편·지·쓰·는·법

3. 주소와 날짜

```
                              Ihr ergebener
                                Segol So
```

B

```
Segol So              Kwanag-Ku, Shinrim-dong 10-186
                        Seoul, den 10. März 1995
  Sehr geehrter Herr Keil !
  ...........................................................
  ...........................................................
  ...........................................................
                              Ihr ergebener
                                Segol So
```

C

```
Segol So              Seoul, den 10. März 1995
Kwanag-Ku,
Shinrim-dong 10-186
        Sehr geehrter Herr Keil !
  ...........................................................
  ...........................................................
  ...........................................................
                              Ihr ergebener
                                Segol So
```

[주의]
 A와 같이 날짜가 위에 있어도, B와 같이 주소가 앞에 있어도 좋습니다. 또

I. 편지쓰는법

C와 같이 주소를 좌상에 쓰는 사람도 있습니다. 좌상의 성명은 타이프로 명확하게 본인의 성명을 표시하고 있습니다. 최후의 서명의 필적이 명확하지 않은 경우도 있으므로 상대에게 명시하는 샘입니다. 예를들면 발신인이 김씨 방에 있다면 b, Kim (bei Kim의 약어) 을 넣습니다. 즉 Chongro-Ku Hyja-dong 123. b. Kim (종로구 효자동 123 김씨방) 이 됩니다. 주소가 만일 대단히 긴 경우에는 적당히 3행으로 걸쳐 씁니다. 상대가 충분히 이쪽의 주소를 알고 있을 때에는 물론 Seoul, den 10 März 1995 라고만 씁니다.

날짜를 쓰는법에는 대개 다음과 같은 형식이 있습니다.

1995년 3월 10일 서울(에서)

Seoul, den 10, März 1995 (이 형태가 가장 보통임)

Seoul, den 10, Mz. 95

Seoul, den 10, Ⅲ. 95

Seoul, 10/3/95

1995의 뒤에는 종지부를 찍지 않습니다.

편지의 날짜에는 다음과 같은 약자를 쓰는 수가 있습니다. 그러나 생략하지 않아도 좋은 경우는 물론 생략않는 편이 좋습니다.

1월	Januar	= Jan.	od. Ⅰ.
2월	Februar	= Febr.	od. Ⅱ.
3월	März	= Mz.	od. Ⅲ.
4월	April	= Apr.	od. Ⅳ.
8월	August	= Aug.	od. Ⅷ.
9월	September	= Sept.	od. Ⅸ.
10월	Oktober	= Okt.	od. Ⅹ.
11월	November	= Nov.	od. ⅩⅠ.
12월	Dezember	= Dez.	od. ⅩⅡ.

Mai (5월), Juni (6월), Juli (7월) 등은 생략하지 않습니다. 또 수신인

이 발신인과 같은 시내에 있어 편지가 그날중에 도착할 경우에는 년월일을 생략하고 요일(Wochentag)만을 편지 최종쪽의 좌하에 씁니다.
예를들면 Dienstag이라든가 Dienstag vormittag 이라는 식으로.

4. 호칭의 말 (Anrede im Briefe)

Anrede는 「근계」에 해당하는 것으로 독일어의 편지에서는 반드시 필요합니다. 그것은 상대의 호칭에 경어를 곁드려 최후에 감탄부호(!) (Ausrufungszeichen)를 붙입니다. 수신인이 학위 기타 공식칭호(교장, 교수, 관장, 국장 장관따위)를 가지고 있는 경우는 반드시 붙입니다.
성명(Vorname)을 쓰는 것은 친구, 친척, 가족사이에 한합니다.
다음에 여러가지 예를 열거해 봅시다

1) 직함이 없는 아주 일반적인 경우

    Sehr geehrter Herr Keil !　　　존경하는 카일님!
    Sehr geehrte Frau Keil !　　　존경하는 카일부인!
    Sehr geehrtes Fräulein Keil !　　존경하는 카일양!
    Sehr geehrter Herr Meister !　　존경하는 마이스타님!
    Sehr verehrte Frau Meister !　　존경하는 마이스타 부인!
    Sehr verehrtes Fräulein Meister !　존경하는 마이스타양!
    Lieber Herr Schulze !　　　친애하는 슈르체님!
    Liebe Frau Schulze !　　　친애하는 슈르체부인!
    Liebes Fräulein Schulze !　　친애하는 슈르체양!
    Lieber Freund !　　　친한 친구여!
    Liebe Frau Grete !　　　친애하는 그레테부인!
    Liebe Ursula !　　　친애하는 울즈라여!
    Sehr geehrte gnädige Frau !　　존경하는 부인!
    Sehr geehrtes gnädiges Fräulein !　존경하는 아가씨!

I. 편지쓰는법

2) 부처를 호칭할때

Sehr geehrte Frau, sehr geehrter Herr Scholl!
존경하는 쇼르부인, 존경하는 쇼르님!

Sehr geehrter Herr, Dr. Schnell, sehr verehrte gnädige Frau!
존경하는 독터·슈넬님, 존경하는 부인!

3) 직함 칭호 따위가 있는 경우의 예

Sehr geehrter Herr Doktor!　　존경하는 독터님!
Sehr geehrter Herr Dr. Frank!　　존경하는 독터·프랑크님!
Sehr geehrter Herr Professor!　　존경하는 교수님!
Sehr geehrter Herr Präsident!　　존경하는 총재님
Sehr verehrter Herr Dekan!　　존경하는 학부장님!
Sehr geehrter Herr Konsul!　　존경하는 영사님!
Hochverehrter Herr Botschafter!　　존경하는 대사님!

[주의]
1) 아무 부인에게나 똑같이 gnädige Frau이라 호칭할 수는 없는 것입니다. 상대의 사회적 지위를 고려하지 않으면 안됩니다
2) 미혼인 부인에게나 동연배인 분에게는 gnädige Frau라고 호칭합니다
3) 아이들은 14세까지는 Vorname라 부르고 또 Du로 말을 겁니다.
4) 독일의 많은 지방에서는 특히 시골의 작은 마을 따위에서는 오늘날에도 남편의 칭호 직명을 그대로 아내에게도 사용하는 습관이 뿌리깊게 남아 있습니다. 그러나 원칙으로는 잘못입니다. Frau Doktor라든가 Frau Professor 라는 것은 본인 자신이 Doktor 또는 Professor일 경우에만 한정되어야 합니다.
5) 미혼의 여성이 Doktor의 학위를 얻은 경우에는 물론 Fräulein Doktor 라고 부릅니다.
6) 귀족의 이름에 대한 호칭이나 수신명 (상서) 따위에 대한 규칙은 오늘날에 있어서는 특별히 존재하지 않습니다. 그러한 의문이 생겼을 때에는 친구들에게 묻는 것이 가장 좋은 방법입니다.
7) 한명인 사람이, 몇개나 칭호를 갖고 있는 경우에는 최고의 칭호로 호칭

독·일·어·편·지·쓰·는·법

하는 것이 예의입니다. 예를들면 Herr Bankdirektor Dr. Hans Maurer는 „Herr Direktor" Herr Professor Dr. Franz Hackert는, „Herr Professor "입니다.

8) „Bankdirektor"(두치, 은행총재), „Fabrikdirektor" (공장장), „Schuldirektor" (교장) 등은 어느 것이나 생략하여 „Herr Direktor"라고 부르는 것이 상례입니다.

9) Doktor의 칭호를 축소하여 Dr. 를 쓸 때에는 반드시 뒤에 성이 이어지지 않으면 안됩니다. 예를들면 Sehr geehrter Herr Dr. Keil!

10) 사회적으로 동지위에 있는 친한 지기지우들은 칭호와 직명을 쓰지않는 것이 보통입니다. 예를들면 Dr. Schröter씨가 친구인 Dr. Fliegel씨에게 편지를 쓸때에는 Sehr geehrter Herr Fliegel! 라고 씁니다.

11) (Doktor 이외의) 칭호나 직명이 편지의 호칭으로 사용될때는 다음에 성자는 쓰지 않습니다. 예를들면 Sehr geehrter Herr Professor! Sehr geehrter Herr Geheimrat! (존경하는 고문관님!)

12) 칭호나 직명을 사용하지 않는 경우에는 성짜(Familienname)를 반드시 사용합니다. 예를들면 Sehr geehrter Herr Börner! Sehr geehrte Frau Weismann! Sehr geehrtes Fräulein Lange!

13) 다음에 성짜를 수반하지 않고 단순히 Sehr geehrter Herr 라는 호칭은 예의에 합당한 호칭법이 아닙니다.

14) 편지에서의 호칭은 이름(Vorname)은 쓰지 않습니다. 따라서 Sehr geehrter Herr Hermann Krause! 라고 쓰지 않고 그저 geehrter Herr Krause! 라고 씁니다. 또 Lieber Herr Professor Hans Schmidt! 가 아니고 Lieber Herr Professor Schmidt! 입니다.

15) Verehrt는 신분이 높은 사람이나 연배인 사람이나 실제로 존경받는 사람들에게 사용합니다.

16) 부처에게 쏠때의 호칭은 상례에서 제시한바와 같이 어느쪽을 먼저써도 상관없습니다.

5. 본 문 (Inhalt)

첫 시작은 좀 공간을 띄어 약간 우측에서 쓰기 시작합니다. 둘째줄 부터는 될 수 있는대로 좌우 다같이 가지런히 되도록 유의해야 합니다. 타이프라이타로 칠때는 왼쪽은 1선이 되도록 줄을 마침이다. 가능하면 우측도 맞추도록 해야 합니다.

한국의 편지와 같이 처음에 계절인사 안부 등을 쓰고 다음에 용건을 쓰는 일은 없습니다.
먼저 용건을 말하고 친한 사이라면 그 뒤에 안부 따위를 묻는 것이 보통의 순서 입니다. 타이프로칠 경우에도 서명만은 반드시 자필로 씁니다.

6. 서두쓰기 (Briefanfang)

어느것이나 서두쓰기란 어려운 것입니다. 다음에 약간의 예문을 실제로 예시합니다.

Bitte, verzeihen Sie mein langes Schweigen, ich war in den letzten Wochen mit den Vorbereitungen für mein Examen beschäftigt......

- 오랫동안 문안 드리지 못한 것을 아무쪼록 용서해 주십시오. 요 수주일 동안은 시험준비 때문에 정신이 없었으므로 …

Entschuldigen Sie, bitte, daß ich so lange nicht geschrieben habe, wir hatten einen Krankheitsfall in der Familie......

- 오랫동안 격조했습니다. 용서해 주시기를 부탁합니다. 가족중에 병자가 있었으므로…

Erst heute komme ich dazu, auf Ihren lieben Brief zu

6. 서두쓰기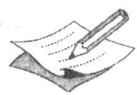

antworten......

● 주신 편지에 오늘에서야 겨우 답장을 하게된 형편입니다 …

Schon lange wollte ich Ihnen schreiben, aber erst heute komme ich dazu, diese Absicht zu verwirklichen......

● 진작부터 편지하려 생각하면서도 오늘에야 겨우 그 뜻을 실현하게 되었습니다.

Hoffentlich sind Sie mir nicht böse, daß ich so lange nichts von mir hören ließ......

● 오랫동안 소식 못드린것을 용서해 주시리라 생각합니다만 …

Es ist bestimmt nicht böser, wille, daß ich so selten von mir hören lasse. Noch immer fällt es mir sehr schwer, Briefe auf deutsch zu schreiben......

I. 편지쓰는법

● 까마득하게 편지 드리지 못한것은 결코 악의가 있어서가 아닙니다. 여전히 독일어로 편지를 쓰는 것이 어렵습니다.

Sie würden viel öfter einen Brief von mir bekommen, wenn es nicht so schwer für mich wäre, gutes Deutsch zu schreiben......

● 훌륭한 독일어로 쓰는 것이 나에 있어서 어려운 일이 아니라면 더 자주 편지를 드릴 수 있을 것인데…

Verzeihen Sie, wenn ich Sie bemühe, mein mangelhaftes Deutsch zu entziffern. Es ist schon lange her, daß ich eninen Brief auf deutsch geschrieben habe......

● 오류 투성이인 나의 독일어를 판독해 주시는 노고를 용서해 주십시오. 독일어 편지를 쓴 것은 정말로 오랫만 입니다.

Darf ich Ihnen kurz mitteilen, daß......

● …이라는 것을 간단히 알려 드립니다.

독·일·어·편·지·쓰·는·법

6. 서두쓰기

Ich möchte Ihnen hierdurch mitteilen, daß......

● …이라는 것을 여기에 알려 드립니다.

Wollen Sie, bitte, zur Kenntnis nehmen, daß......

● …이라는 것을 아무쪼록 양해해 주시기 바랍니다.

Hierdurch möchte ich Sie wissen lassen, daß......

● …이라는 것을 여기에 알려 드리려고 생각합니다.

Wir möchten Ihnen hiermit bekannt geben, daß......

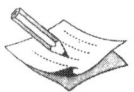

● …이라는 것을 여기에 알려 드립니다.

👁 👁 👁 👁

Haben Sie herzlichsten Dank für......

👁 👁 👁 👁

● …에 충심으로 감사말씀 드립니다.

👁 👁 👁 👁

Ich möchte Ihnen sehr herzlich für … danken.

👁 👁 👁 👁

● …에 지극한 충심으로 감사드립니다.

👁 👁 👁 👁

Darf ich Ihnen hiermit noch einmal herzlich für … danken.

👁 👁 👁 👁

● 여기에 다시 …에 대하여 충심으로 감사 말씀드립니다.

👁 👁 👁 👁

Mit großer Freude habe ich gehört, daß......

👁 👁 👁 👁

● …이라는 것을 크게 기뻐하면서 전해드렸습니다.

Es hat mich aufrichtig gefreut, zu hören, daß......

● …이라는 것을 전해 듣는 것은 정말로 기쁜 일입니다.

Voller Freude erhielt ich Ihre Mitteilung, daß......

● …이라는 통지를 받고 기쁨에 휩싸였습니다.

Ich möchte Ihnen nur kurz mitteilen, daß......

● …이라는 것을 간단하게 알려 드리려고 생각합니다.

7. 맺 음 (Briefschluß)

한국의 편지의 불비(不備), 배상(拜上), 올림등에 해당하는 맺음말 (결어) 입니다. 이것에도 **Anrede**의 경우와 같이 한없이 많은 형태가 있습니다. 그러나 가장 기본적인 것을 몇개 확실하게 몸에 읽혀 놓으면 다른 것은 스스로 읽혀지게 됩니다. 다음에 여러가지 예문을 제시해 보겠습니다.

    Hochachtungsvoll   배상
       Ihr Segol So   서 세 걸

I. 편지쓰는법

Mit vorzüglicher Hochachtung	배상
Ihr ergebenster ⋯	성 명
Mit besten Grüßen	배상
Ihr ⋯	성 명
Mit verbindlichsten Grüßen	배상
Ihr ⋯	성 명
Mit herzlichen (vielen; schönen) Grüßen	충심으로 인사말씀 드립니다.
Ihr ⋯	성 명
Mit vielen Grüßen verbleibe ich	안녕히 계십시오.
Ihr ⋯	성 명

초면인 경우, 그다지 친하지 못한 경우, 다소 사무적인 경우등에는 Hochachtungsvoll Ihr ⋯ 따위가 무난 하겠지요.「경구」라는 느낌입니다. Mit vielen Grüßen, Mit besten Grüßen 따위에는 Hochachtungsvoll 보다도 친밀감이 있습니다. 이러한 뉘앙스를 알기 위해서는 43쪽의 수신인명 (Anschrift auf dem Umschlag), 호칭 (Anrede im Brief), 맺음 (Briefschluß)의 항을 참조해 주십시오.

맺음(결어)의 형식에는 꽤 여러가지 형태가 많아 정말로 천차만별이라고 해도 좋을 정도입니다.

이상은 보통의 표현입니다만 문학적 표현따위는 거의 무수할 정도입니다. 예를들면

   Gute Grüße und Wünsche aus immer
     gleicher Gesinnung !
               Ihr ...

Mit den herzlichsten Grüßen und bestem

7. 맺음

Gedenken bin ich
           Ihr ...

Voll Dank und von Herzen bin ich
           Ihr ...

Glückwünschend und beglückt
           Ihr ...

상호간에 친한사이로서 부처간에도 알고 있는 경우에는 자주 다음과 같은 형태를 사용합니다.

Von Haus zu Haus mit den besten Grüßen
           Ihr ergebener ...
집집마다 충심으로 인사말씀 드립니다.
           모모

Herzliche Grüße von uns beiden an Sie beide
           Ihr ergebener ...
저희들 부처는 당신들 두분께 충심으로 인사말씀 드립니다.
           모모

Mit herzlichen Grüßen an Ihre liebe Frau und
  an Sie Selbst
           Ihr ...
부인 및 당신에게 충심으로 인사말씀 드립니다.
           모모

또 부인에게 안부 전하라던가 남편도 안부 전하라던가라는 표현도 한국의 경우와 마찬가지로 맺음말(결어)로서 많이 사용합니다.

Mit den herzlichsten Grüßen auch
  an Ihre Frau Gemahlin
           Ihr ...

I. 편지쓰는법

부인에게도 부디 안부말씀 전해주십시오.
                모모

Bitte grüßen Sie Ihre Frau von mir bestens.
                Ihr ...
아무쪼록 부인께 안부 전해 주십시오.
                모모

Mein Mann läßt Sie auch sehr herzlich grüßen.
  Viele Grüße   Ihr ...
남편도 당신에게 부디 안부전해 달라는 전갈입니다.
                모모

Viele herzliche Grüße an Ihre Frau und Sie selbst
  auch von meiner Frau
              Ihr ...
아내로 부터도 부인과 당신에게 부디 안부 전해 달라고 말했습니다.
                모모

  그런데 이상은 모두 발신인이 남성의 경우를 가정하고 설명한 것이나 발신인이 여성이라면 물론 Ihre ···, Ihre ergebenste ···이라는 식으로 여성형의 어미 변화를 취하지 않으면 안됩니다.
  본서의 예문에는 거의 남성형만을 제시해 놓았으므로 더욱 다짐하기 위하여 여성 발신인의 경우를 여러가지로 제시해 보겠습니다.

  Mit herzlichen Grüßen
        Ihre Katharina Kippenberg
충심으로 인사를 드리며 당신의 카타리나·킷펜베르크

  Herzliche Grüße von Ihrer Sunhi Kim
당신의 김순희의 진실한 인사를
    (Ihrer는 Ihre이라는 여성형의 3격을 나타내고 있다)

  Tausendmal grüßt Sie Ihre

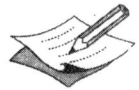

7. 맺 음

Anna Piper

당신의 안나·피퍼는 당신에게 거듭 되풀이하여 인사말씀 드립니다.

Leben Sie wohl und seien Sie dankbarst gegrüßt
 von Ihrer ergebenen
Annelotte Netke

안녕하시기를 빕니다. 그리고 당신의 롯데·네토케가 감사에 충만한 인사를 드립니다.

(말미에 **ergeben**이라는 형용사를 넣는 편이 정중하고 다소 격식이 갖추어져 있습니다. 본래는 충실이란 뜻입니다)

편지의 말미는 호칭과 한가지로 한국인에게는 대단히 귀찮게 생각되므로 다시 약간의 실례를 참고로 열거해 놓겠습니다.

Für eine baldige Antwort wäre ich Ihnen sehr verbunden.
Hochachtungsvoll
Ihr ……

● 즉시 답신을 주시면 대단히 감사하겠습니다.
배상
모모

Bitte, lassen Sie mich bald wissen, ob Ihnen mein Vorschlag angenehm ist.
Mit besten Grüßen
Ihr ……

I. 편지쓰는법

● 저의 제안에 찬성 하시는지 아닌지 아무쪼록 지급 통지해 주십시오

　　　　　　　　　　　　　　　　안녕히 …

In Erwartung Ihrer Antwort verbleibe ich

　　　　　　　　　　　　　　　Ihr ……

● 답신을 기다리고 있겠습니다.

　　　　　　　　　　　　　　　　배상 …

Lassen Sie, bitte, recht bald von sich hören. Inzwischen verbleibe ich

　　　　　　　　　　　　　　　Ihr ……

● 우선 소식 주시기 바랍니다.

　　　　　　　　　　　　　　　　안녕히 …

Ich freue mich auf Ihre Antwort und begrüße Sie inzwischen als

　　　　　　　　　　　　　　　Ihr ……

7. 맺 음

● 답신을 기대하고 있겠습니다.

　　　　　　　　　　　　　　　　　안녕히 …

👁 👁 👁 👁

Darf ich um baldige Antwort bitten? Im voraus besten Dank.

　　　　　　　　　　　　　　　　Hochachtungsvoll

　　　　　　　　　　　　　　　　　Ihr ……

👁 👁 👁 👁

● 지금 답신해 주셨으면 합니다. 미리 감사 말씀 드리겠습니다.

　　　　　　　　　　　　　　　　　　　배상 …

👁 👁 👁 👁

Ich wiederhole meine guten Wünsche und verbleibe mit herzlichen Grüßen an Sie und Ihre liebe Familie

　　　　　　　　　　　　　　　　　Ihr ……

👁 👁 👁 👁

● 좋은 행복이 오기를 되풀이 기원하면서 당신과 가족들에게 충심으로 인사말씀 드립니다.

　　　　　　　　　　　　　　　　　당신의 …

👁 👁 👁 👁

Mit dem innigen Wunsch für baldige Genesung bin ich, in alter Freundschaft,

　　　　　　　　　　　　　　　　　Ihr ……

👁 👁 👁 👁

I. 편지쓰는법

● 곧 회복하시기를 충심으로 기원하면서 옛 우정을 갖고,
　　　　　　　　　　　　　　　　　　　　당신의 …

🐟 🐟 🐟 🐟

Und nun noch einmal alles Gute und beste Grüße von Haus zu Haus.
　　　　　　　　　　　　　　　　　　　Ihr ……

🐟 🐟 🐟 🐟

● 여기에 다시한번 모든 행복을 기원함과 동시에 각 가정에 충심으로 문안인사 드립니다.
　　　　　　　　　　　　　　　　　　　당신의 …

🐟 🐟 🐟 🐟

Ich schließe mit vielen Grüßen auch von meiner Familie.
　　　　　　　　　　　　　　　Ihr ergebener ……

🐟 🐟 🐟 🐟

● 충심으로 문안인사 드리며 각필합니다. 가족들도 문안 전해 달라는 전갈입니다.
　　　　　　　　　　　　　　　　　　　당신의 …

🐟 🐟 🐟 🐟

Bleiben Sie gesund und schreiben Sie bald einmal. Für heute herzliche Grüße
　　　　　　　　　　　　　　　　　　　Ihr ……

🐟 🐟 🐟 🐟

독·일·어·편·지·쓰·는·법

7. 맺 음

● 아무쪼록 건승하시기를 기원하며 근간에 소식 주시기를 기대합니다. 오늘은 충심으로 문안인사를 드립니다.

　　　　　　　　　　　　　　　당신의 …

　　🐟 🐟 🐟 🐟

Genug für heute, ich schreibe bald wieder. Seien Sie herzlichst gegrüßt

　　　　　　　　　von Ihrem treuen……

　　🐟 🐟 🐟 🐟

● 오늘은 이만 각필합니다. 다시 곧 소식 전하겠습니다.
　　　　　　　　　　　　　　안녕히 …
　　(당신의 성실한 …에게서 당신은 충심으로 인사받기를)

Inzwischen mit besten Grüßen, bis auf frohes Wiedersehen,

　　　　　　　　　　　Ihr alter Freund
　　　　　　　　　　　　　　……

　　🐟 🐟 🐟 🐟

● 우선 상봉할 때까지, 안녕 …
　　　　　　　　　　자네의 옛친구 …

　　🐟 🐟 🐟 🐟

Wie immer, freundschaftlichst,

　　　　　　　　　　Ihr ……

　　🐟 🐟 🐟 🐟

독·일·어·편·지·쓰·는·법

● 변함없는 진정한 우정으로

당신의 …

Mit der Bitte, mich Ihrer verehrten Frau Gemahlin bestens zu empfehlen, verbleibe ich

Ihr ……

● 영부인에게 아무쪼록 부디 안부 전해 주세요

배 상 …

Mit besten Grüßen an Ihre liebe Familie, auch von meiner Frau, bin ich

Ihr ……

● 가족들에게 부디 안부 전해 주시기 바라며 처 또한 안부 전해달라는 전갈입니다.

당신의 …

Bitte, empfehlen Sie mich Ihrer lieben Mutter bestens und seien Sie selbst herzlich gegrüßt von

Ihrem

……

독·일·어·편·지·쓰·는·법

7. 맺음

- 자당님께 아무쪼록 문안 전해 주십시오. 당신에게도 충심으로 안부인사 드립니다.

Heute, in Eile, nur diese wenigen Zeilen. Ich schreibe bald einmal ausführlicher. Herzliche Grüße

　　　　　　　　　　　　　　　　Ihr ......

- 오늘 우선 간단한 소식 드렸습니다. 불원간 상세한 편지 올리겠습니다.

　　　　　　　　　　　　　　안녕히 ...

Mit bestem Dank für Ihre Mühe

　　　　　　　　　　verbleibe ich

　　　　　　　　　　　　Ihr ......

- 노력에 심심한 감사를 드립니다.

　　　　　　　　　　　안녕히 ...

Im voraus herzlichen Dank für alle Mühe.

　　　　　　　　　　Mit vielen Grüßen

　　　　　　　　　　　　Ihr ......

● 노력에 미리 심심한 감사말씀 드립니다.
                    안녕히 …

Hoffentlich mache ich Ihnen nicht zu viel Mühe. Ich danke Ihnen schon im voraus.

                    Ihr ergebener
                        ……

● 당신에게 폐가 돌아가지 안았으면 하고 걱정하고 있었습니다. 미리 감사인사 드립니다.
                    당신의 …

Entschuldigen Sie, daß ich Ihnen so viel Mühe bereite, hoffentlich kann ich auch einmal etwas für Sie tun.

                    Ihr sehr ergebener
                        ……

● 터무니 없는 수고를 끼쳐드려 죄송하게 생각합니다. 언젠가 은혜를 갚을 수 있게 되기를 기원하고 있습니다.
                    안녕히
                    당신의 …

8. 봉투쓰는법

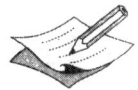

Für Ihre freundlichen Bemühungen danke ich Ihnen im voraus bestens und verbleibe mit ergebenen Grüßen

            Ihr ......

- 친절하신 노력에 미리 심심한 감사 말씀드립니다.
          안녕히
           당신의 …

8. 봉투쓰는법 (Anschrift auf dem Umschlag)

이상으로 대체적인 편지의 내부의 형식을 알았으니까 이번에는 봉투 쓰는법을 그림으로 설명하겠습니다.

A

```
┌─────────────────────────────────────────────┐
│                                  ┌─────────┐│
│                                  │ Brief-  ││
│                                  │ marke   ││
│                                  └─────────┘│
│                                             │
│        Herrn¹ Rudolf Schlaf                 │
│           bei² Frau Dietrich                │
│              (1)³ Berlin⁴                   │
│                 Lange Str. 48 III ⁵         │
│                                             │
└─────────────────────────────────────────────┘
```

[주의]

 1) Herrn은 Herr의 3격, 한국의 …귀하에 해당합니다. 부디 수신인 일때는 Frau Anna Schlaf라는 식으로 Frau을 쓴다. 미혼부인에게는 Fräulein으로 합니다.

독·일·어·편·지·쓰·는·법

2) bei는 한국어의 방에 해당합니다. 데이프리히 부인방이란 뜻, bei 대신에 p. Adr. (per Adresse)을 사용하는 수가 있습니다.

3) Postleitzahl의 번호 Postleitzahl이라는 것은 대체적으로 한국의 …국구내에 해당하는 것으로 시에 따라 그 숫자가 정해져 있습니다. Berlin은 1입니다. 예들들면 Bonn은 22c, Bremen은 23, Darmstadt은 16, Düsseldorf은 22a, Hamburg은 24a, Heidelberg은 17이라는 식입니다. 물론 Postleitzahl을 쓰지 않아도 배달은 되나 써놓은 편이 국원에게는 대단히 편리한 셈입니다. 알면은 꼭 써 넣어야 합니다. Postleitzahl에 관해서는 41쪽의 표를 보아 주십시오.

4) 베르린과 같은 대도시라면 국명을 쓸 필요는 없습니다. 그러나 작은 도시라면 좌우의 여백에 국명을 넣어야 합니다. 예를들면 Marburg (Deutschland)란 식으로 최근에는 Deutschland 대신에 Germany, (서독일) 따위로 영어를 사용하는 사람도 많이 있습니다. 그쪽이 국제적으로는 알기 쉽고 편리하겠지요. 주소쓰는법은 한국의 순서와 같이 「베르린시 랑게가 48」라고 씁니다.

5) 3층이란 뜻, 랑게가 48번지 3층이란 뜻, 그 쪽의 건물은 빌딩건물인 아파트가 많으므로.

B

```
                                          ┌─────────┐
                                          │ Brief-  │
                                          │ marke   │
                                          └─────────┘
   Herrn
        Prof.¹ Dr.² Werner Dietze
             (1) Berlin
               Nollendorf Str. 38
```

[주의]
1) 칭호, 직명 따위가 있을 경우의 예입니다. Prof.는 Professor의 생략.

8. 봉투쓰는법

2) Dr. 는 Doktor의 생략.

특별히 직함이 긴 경우를 다음에 제시합니다.

C

```
Seiner Exzellenz[1]
   dem Botschafter
   der Bundesrepublik Deutschland,
   Herrn Dr. Hugo Frank
      Seoul
      Jongro-ku, Myeong-dong 10
```

                                                    Brief-
                                                    marke

[주의]

1) Seiner Exzellenz는 3격 입니다. 독일연방 공화국 대사 독터·후고·프랑코 각하, 독일연방 공화국이란 사회에서 흔히 말하는 구서독일 입니다.

다음에는 등기, 친전, 항공편, 속달 등의 겉 주소 성명에 관하여 설명하겠습니다.

D

```
Durch Eilboten[1]
```

                                                    Brief-
                                                    marke

독·일·어·편·지·쓰·는·법

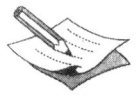

```
        Frau
          Alice Hensch
          (16) Darmstadt
          Bahnhofstr. 28
     ┌─────────────────┐ 2
     │                 │
     └─────────────────┘
```

[주의]

  1) 속달·보통편과 같은 우편으로 운반되나 수신지에 도착함과 동시에 특별배달이 됩니다. Durch Eilboten이라고 쓰고 그 밑에 1선 또는 2선을 긋습니다.

  2) 1의 장소대신에 ☐ 으로 표시한 좌하에 써도 좋습니다.

등기라면 Durch Eilboten의 대신에 Einschreiben이라고 써 놓으면 된다. 등기우편은 수취와 교환으로 인도합니다. 수취인 부재시는 어른인 가족에게 인도합니다. 한국과 동일합니다.

항공편이라면 Mit Luftpost 오늘날에는 항공편이 발달하여 국제간의 편지 따위는 오로지 항공편에 의거합니다. 거기에는 LUFTPOST, DURCH LUFTPOST 따위의 우표를 붙이거나 또 봉투에 인쇄되어 있습니다. PAR AVION, BY AIR MAIL 따위의 불어 영어도 함께 인쇄되어 있습니다. LUFTPOSTLEICHTBRIEF, AEROGRAM 따위는 봉투이면에 직접 기입하게 되어 있는 것도 있습니다. 한국에서도 항공편용 봉투는 문방구에서 쉽게 살 수 있습니다.

등기친전 이라면 Einschreiben-Eigenhändig이라고 씁니다. 친전에는 이 외에 Persönlich이라든가 Vertraulich따위의 서법도 있습니다.

등기배달증명편이라면 Einschreiben-Gegen Rückschein이라고 표기합니다.

위탁할 때에는 같은 위치에 d. G. d. Herrn Keil(durch Güte des Herrn keil의 생략) Keil씨에게 위탁한다는 말을 넣습니다.

8. 봉투쓰는법

본인의 소재를 모를때에 회송을 요청하려면 봉투표면의 여백에 Bitte nachsenden 또는 Nachsenden이라고 기재해 놓습니다.

발신인의 주소는 봉투이면 위쪽에 기재하는 것이 보통입니다. 봉투표면의 좌상측이나 좌하측에 쓰는 사람도 있습니다. 회사의 인쇄한 봉투따위에는 표면에 회사명과 소재지가 기재되어 있습니다.

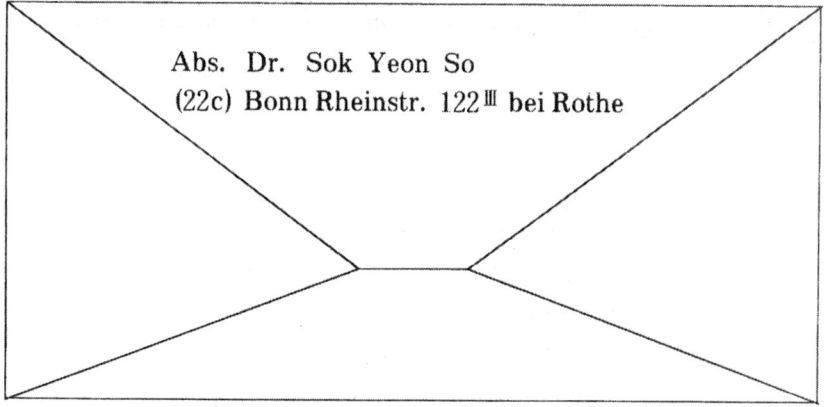

[주의]

1) Abs. Absender(in) 발신인의 뜻 Abs.을 생략할 경우도 있습니다.

이상 서술한 것은 상대가 개인의 경우였습니다만 상대가 관청, 학교, 회사와 같은 공인의 경우는 어떻게 될까요. 즉 한국에서 말하는 귀중이라는 것과 같은 경우입니다.

```
         An
   die Literarische Fakultät
    der Universität Seoul
         Seoul
       Kwanag-ku
```

상례는 서울대학 문학부 귀중이라는 예를들어 보았습니다. 이에 준거하여 2, 3예거하면

  An die Deutsche Gesellschaft 독일협회 귀중
  An die Deutsche Bank   독일은행 귀중
  Herren Schmidt u. Co.   슈밑 상회 귀중

그러나 이러한 경우는 An을 생략하고 직접 상대방의 수신인명을 직접 기재하는 경우도 많이 쓰여집니다. 그 예를 1, 2 그림으로 표시해 보겠습니다.

[1]

Landesregierung Rheinland-Pfalz
Der Minister
 für Unterricht und Kultus
 Abteilung für Höhere Schulen
  (22b) Mainz
   Schillplatz 7

라인란트 · 프파르츠 주정부 · 고등학교국 · 문교부장관 귀하

[2]

Hamburg-Amerika Linie
Passagierdienst
(24a) Hamburg
Ballindam 25

함부르크 · 아메리카 · 라인 여객과 귀중

9. 우편번호(Postleitzahl)(PLZ)

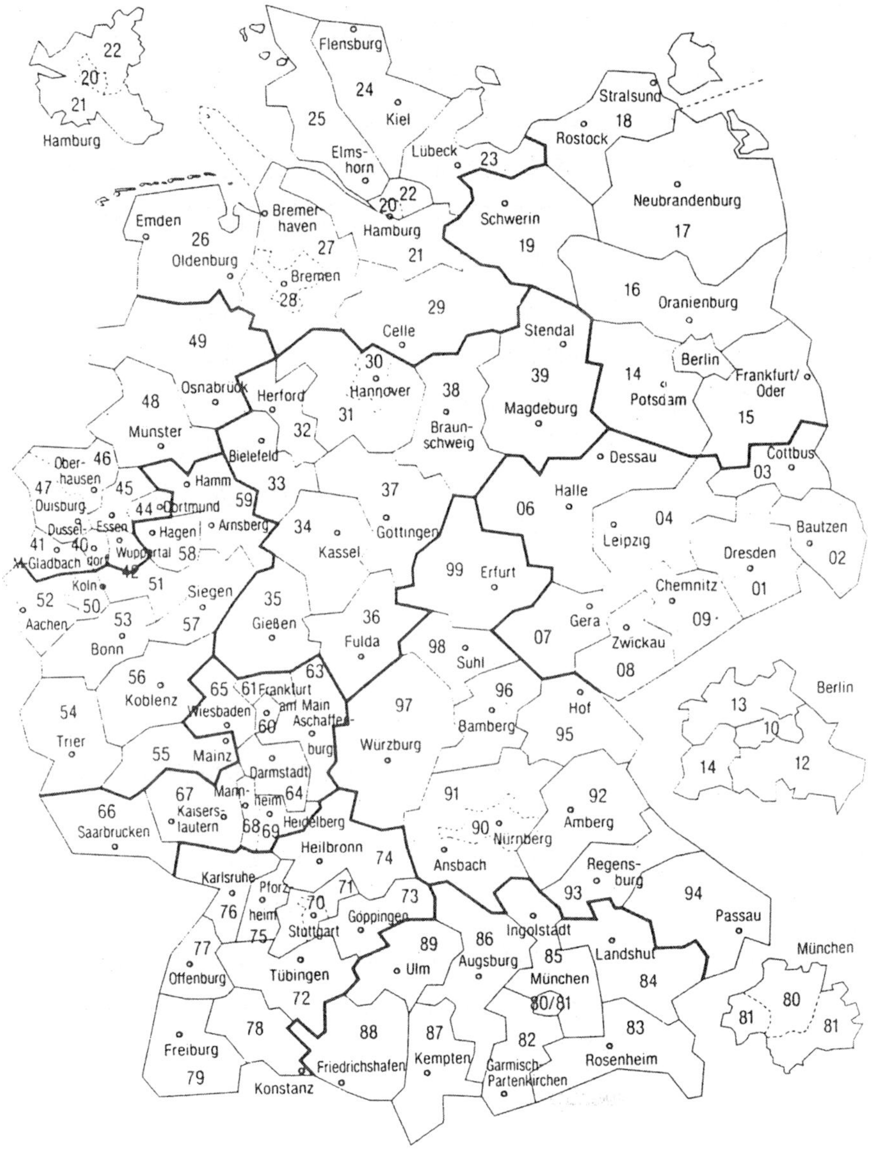

I. 편지쓰는법

독일에서는 1993년 7월1일부터 새로 5자리의 우편번호 제도가 도입되었다.

이것에 의해서 그 전날인 6월30일까지 사용되고 있었던 구 서독과 구 동독의 4자리의 우편번호가 무효로되었다. 1990년 10월의 재통일에 의해서 한 나라 속에 2가지의 우편번호 제도가 병존되게 되어, 그 결과 중복되는 번호가 800이나 나왔던 것이다. 예를 들면 Bonn과 Weimar은 각각 5300이란 같은 우편번호로 되었다. 그래서 혼란을 피하기 위해서 새로운 제도가 발족되기 까지의 과도기에는 서쪽과 동쪽의 우편번호에 W(서독), O(동독)하는 기호를 붙친 일시적인 조치가 취해져서, W-5300 Bonn, O-5300 Weimar와 같이 쓰여졌다. 그러나 새로운 제도의 도입과 더불어 그럴 필요도 없어졌다.

새로운 5자리의 우편번호에서는, 최초의 2자리가 지역을 나타낸다. 그 2자리의 숫자가 구체적으로 어느 지역을 가리키고 있는지는, 41 페이지의 도판을 참조하기 바란다.

나머지 3자리는
1. 마을이나 작은 도시
2. 약간 큰 도시와 대도시중의 배달 구역
3. 사서함
4. (관공서, 대기업등의) 굵직한 고객〔전국에 약 900〕등을 나타내는 숫자로 되어 있다.

비교적 작은 마을이나 도시의 우편번호는 하나뿐이다.

209의 비교적 큰 도시는, 그중에서 몇개의 배달지역으로 나누어져 있고, 지역마다 우편번호가 정해져 있다. 대도시의 큰 거리가 몇개의 배달지역으로 나누어진 것도 있다. 그 경우에는 가옥번호(번지)가 결정적인 요소가 된다. 예를들면 :

Bonn, Adenauerallee

```
4-266, 37-209      53113
7-27               53111
```

4-266의 사이의 짝수의 가옥번호와 37-209사이의 홀수의 가옥번호의 우편번호는 53113이며, 7-27의 사이의 홀수의 가옥번호를 갖인 주소의 우편번호는 53111로된다.

5자리의 우편번호를 써서 컴퓨터 제어(制御)에 의한 자동구분장치이며, 말단까지 우편물을 구분할 수 있게하는 점이 새로운 제도의 목적이다. 새로 마련된 우편번호부는 두께가 약 1000페이지, 무게가 1.5키로나 되는 전화부와 같은 큰 책이된다. 번호부는 인쇄물로서나 CD-ROM, 디스켓, 자기테이프 등으로 입수할 수 있다.

41쪽의 지도를 보고, 우편번호와 각 번호가 담당하고 있는 지역을 살펴보기를 바란다. 우편번호에 의한 역과 실제의 주(洲)의 경계와는 일치되어 있지 않다.

10. 봉투의 주소, 성명, 호칭, 맺음의 관계

봉투의 수신인 주소, 성명, 호칭, 맺음 따위가 대충 끝났습니다만 실은 이 상호관계를 터득하는 것은 초심자에게는 상당히 어렵습니다. 그래서 다음에 많은 실례를 들어 참고로 제공하겠습니다. 정독하여 그 요령을 익혀 두십시오.

Anschrift auf dem Umschlag	*Anrede im Brief*	*Briefschluß*
(봉투의 주소 성명)	(호칭)	(맺음)
Herrn Hermann Keil	Sehr geehrter Herr Keil !	Hochachtungsvoll Ihr ....
Frau Lotte Keil	Sehr geehrte Frau	Hochachtungsvoll

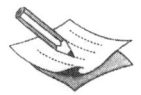

	Keil！	Ihr ....
Frl. Ilse Keil	Sehr geehrtes Fräulein Keil！	Hochachtungsvoll Ihr ....
Herrn Karl Meister	Sehr geehrter Herr Meister！	Hochachtungsvoll Ihr ....
Frau Lina Meister	Sehr verehrte Frau Meister！	Ihr sehr ergebener
Frl. Klara Meister	Sehr verehrtes Fräulein Meister！	Ihr sehr ergebener

위의 6개의 예는 필자와 수신인이 그렇게 친하지 못한 관계의 경우입니다. 즉 최초의 경우를 예로들면 봉투의 수신인명으로서는 Herrn Hermann Keil이라 쓰고 편지의 서두쓰기에서는 Sehr geehrter Herr Keil！ 로 하며 최후에 Hochachtungsvoll Ihr …라고 씁니다. 이하 이것을 본으로 삼습니다.

Herrn Fritz Schulze	Lieber Herr Schulze！	Mit besten Grüßen Ihr ...
Frau Hanna Schulze	Liebe Frau Schulze！	Mit verbindlichsten Grüßen Ihr ...
Frl. Lore Schulze	Liebes Fräulein Schulze！oder： Liebes Fräulein Lore！	Bis aufs Wiedersehen viele Grüße Ihr ...
Herrn Kurt Faust	Lieber Freund！	Dein alter Freund … oder：

10. 봉투의 주소, 성명, 호칭, 맺음의 관계

		wie immer, freund- schaftlichst Ihr ...
Frau Grete Faust	Liebe Frau Grete !	Ihr immer ergebener ...
Frl. Ursula Faust	Liebe Ursula !	Mit vielen Grüßen ver- bleibe ich Ihr ...

상례는 문통자 동지의 친밀함을 표시하고 있습니다. 그러나 봉투의 표기에서는 그 친밀함은 표현되지 않습니다. 그것은 한국의 경우와 같습니다. 오로지 호칭과 맺음말에 해서 그 친밀함이 표시되어 있습니다.

Frau Suse Fichtner	Sehr geehrte gnädige Frau !	Ergebenst Ihr ...
Frl. Marta Enge	Sehr geehrtes gnädiges Fräulein !	Ganz ergebenst Ihr ...

gnädige Frau, gnädiges Fräulein이란 말속에는 상대에 대한 충분한 경의가 포함되어 있습니다.

Herrn[1] Schneider- meister Albert Fritsch	Sehr geehrter Herr Fritsch !	Hochachtungsvoll Ihr
Herrn[2] Dr. med. Paul Groß	Sehr geehrter Herr Doktor !	Hochachtungsvoll Ihr
Herrn Dr. Hugo Frank	Sehr geehrter Herr Dr. Frank !	Ihr sehr ergebener
Herrn	Sehr geehrter Herr	Hochachtungsvoll

Ⅰ. 편지쓰는법

Professor Dr. Franz Hoyer	Professor!	Ihr Ihnen ergebener …
Herrn Geheimrat Prof. Dr. Zack	Sehr geehrter Herr Geheimrat!	Ihr Ihnen sehr ergebener …
Frau³ Dr. Lene Jahn (bei eigenem	Sehr geehrte Frau Dr. Jahn! Doktortitel)	Ergebenst Ihr …
Frau⁴ Dr. Klaus Menge (bei Doktortitel	Sehr geehrte gnädige Frau! des Gatten)	Ihr sehr ergebener

[주의]

1) 「재봉사 Albert Fritsch 귀하」라고 봉투에 써도 호칭은 Sehr geehrter Herr Fritsch! 입니다.

2) 「의학박사 Paul Groß님」, Dr. med. 는 Dr. der Heilkunde란 뜻. med. 는 medicinae (의학의) 이라는 라틴어의 약자.

3) 부인자신이 Dr. 의 칭호를 가지고 있는 경우이므로 호칭도 Sehr geehrte Frau Dr. Jahn! 이라고 씁니다. 이에 대하여

4) Frau Dr. Klaus Menge의 경우는 남편이 Dr. 의 경우 이므로 봉투에는 Frau Dr …라고 써도 호칭에서는 Sehr geehrte gnädige Frau! 로 되어 있습니다. 이런곳에 유의해 주십시오.

Herrn Prokuristen¹ Otto Sand	Sehr geehrter Herr Sand!	Hochachtungsvoll Ihr …
Herrn Architekten²	Sehr geehrter Herr Weis!	Hochachtungsvoll Ihr …

10. 봉투의 주소, 성명, 호칭, 맺음의 관계

Rolf Weis

Herrn	Sehr geehrter Herr	Mit Vorzüglicher
Bankdirektor[3]	Direktor !	Hochachtung
Hans Reif		Ihr …

Herrn Präsidenten[4]	Sehr geehrter Herr	Mit vorzüglicher
Heinz Helm	Präsident !	Hochachtung
		Ihr …

1) der Prokurist은 지배인.　　2) der Architekt은 건축기사.
3) der Bankdirektor 은행두치.　4) der Präsident 총재, 회장.

Prokurist이나 Architekt에는 겉봉쓰기로 써도 호칭에서는 성명만 씁니다. 그러나 Bankdirektor이나 Präsident 등에는 호칭이라도 그대로 그들의 직함을 사용하고 있습니다. 이러한 것도 미묘한 곳입니다.

Herrn und Frau	Sehr geehrte Frau,	Mit besten Grüßen
Peter Scholl	sehr geehrter	Ihr ergebener …
	Herr Scholl !	

Herrn Dr. Klaus	Sehr geehrter Herr	ergebenst grüßt Sie
Schnell und Fraus	Dr. Schnell, sehr	Ihr …
Gemahlin	verehrte gnädige	
	Frau !	

위의 예는 부처에게 보내는 예입니다. 겉봉쓰기와 호칭의 관계를 깊이 유의해 주십시오. 또 이것에 관해서는 15~16쪽 참조.

| An[1] Seine Magni- | Euer Magnifizenz | Mit dem Ausdruck |
| fizenz den Rektor | (mit Sie und | größter Hoch- |

der Universität …	Ihnen)	achtung
An² den Rektor der Universität …	keine Anrede	Hochachtungsvoll ergebenst
An³ den Herrn Dekan der … Universität Herrn Professor Dr. K. Lutz	Sehr verehrter Herr Dekan! oder: Sehr geehrter Herr Professor!	Hochachtungsvoll ergebenst

1) …대학총장 각하 사신의 경우.
2) …대학총장 귀하 공문서로서의 경우.
3) …대학 …학부장 K. Lutz 교수귀하.

Hochwürden¹ Herrn Pater …	Hochwürdiger Herr Pater!	Hochachtungsvoll Ihr sehr ergebener …
Ehrwürden² Bruder …	Ehrwürdiger Bruder …	Hochachtungsvoll Ihr …
Ehrwürden³ Schwester …	Ehrwürdige Schwester …	Ihr sehr ergebener
Herrn Pfarrer⁴ …	Sehr geehrter Herr Pfarrer!	Mit vorzüglicher Hochachtung Ihr …
Herrn Pastor⁵ …	Sehr geehrter Herr Pastor!	Mit vorzüglicher Hochachtung Ihr …

1) …사제존하 Hochwürden은 신분이 높은 성직자에 대한 호칭입니다.

2) …수도사 귀하. Bruder는 교단소속의 수도사. Ehrwürden은 그것에 대한 경칭입니다. 카톨릭에서만 사용합니다. 겉봉에서는 Ehrwürden입니다만 호칭에서는 Ehrwürdiger Bruder로 되는 점에 주의

3) …수도녀 귀하. 수도사에 대한 여성의 경우. 호칭으로는 Ehrwürdige Schwester으로 됩니다.

4) …신부님.

5) …신부님.

An[1] Herrn Konsul … beim Konsulat der Bundesrepublik Deutschland	Sehr geehrter Herr Konsul !	Hochachtungsvoll Ihr ergebener …
Seiner[2] Exzellenz dem Botschafter der Bundesrepublik Deutschland, Herrn …	Hochverehrter Herr Botschafter ! oder : Euer Exzellenz !	Mit vorzüglicher Hochachtung Ihr sehr ergebener …

1) 독일 연방공화국 영사관 …영사 귀하
2) 독일 연방공화국 대사 …각하

11. 엽서쓰는법

엽서쓰는법도 편지의 경우와 본질적으로는 변함이 없습니다. 독일의 엽서는 50쪽에 표시한바와 같이 주소, 성명 등을 기입하는 난이 정해져 있습니다. 50쪽의 예는 힐데스하임 프랑켄가 209번지 독터 김수남으로부터 프랑크프르트・암・마인・라베 통 8번지 독터・크류가씨방 레나테・로렌츠양에게 보낸 엽서입니다.

I. 편지쓰는법

POSTKARTE

Zum
Aufkleben
der
Freimarke

Fräulein

Renate Lorenz

(16) Frankfurt/main

Raabenweg 8
bei Fam. Dr. Krüger

Straße, Hausnummer, Gebäudeteil, Stockwerk oder Postschließ-
fachnummer; bei Untermietern auch Name des Vermieters

Absender: Dr. Seokyon Soh.
Vor- u nd Zuname

(209) Hildesheim
Wohnort, auch Zustell- oder Leitpostamt

Frankenstr. 209 I
Straße, Hausnummer, Gebäudeteil, Stockwerk oder Postschließ-
fachnummer; bei Untermietern auch Name des Vermieters

독·일·어·편·지·쓰·는·법

Ⅱ. 사신의 예문

II. Privatbriefe

1. Einladungen mit Zu-und Absagen

1) **Einladung zum Essen**
   (gedruckte Karte)

   Herr und Frau Erich Kurz bitten
Herrn *Hugo Laube*
für Freitag, den 12. Mai um 7 Uhr
zum Abendessen.
U. A. w. g.

   Franz Hesse und Frau
würden sich sehr freuen,
Herrn *Klaus Bauer und Frau Gemahlin*
am 18. Juni abends 7 Uhr 30
zu einem einfachen Abendessen bei sich begrüßen zu dürfen.
U. A. w. g.
Straßenanzug

   Herr und Frau Albert Maier
geben sich die Ehre
Herrn *und Frau Gemahlin*
zu einem gemütlichen Abend und zum
Abendessen für Dienstag, den 9. April
abends 7 Uhr einzuladen.
U. A. w. g.

Ⅱ. 사신의 예문

1. 초대의 편지 및 승낙과 거절의 편지

1) 식사초대
   (인쇄된 카드)

에리히·크르츠 부처는 후고·라우베씨가 5월 12일 금요일 오후 7시 만찬에 왕림해 주시기를 부탁드립니다.
답장 주시기를 바랍니다.

☞ 1) 엽서와 같이 그대로 드러낸 것이 아니라 봉투에 넣은 것이 많다.
　 2) U. A. w. g=Um Antwort wird gebeten.

프랑츠·헷세와 처는 크라우스·바우아 내외분에게 6월 18일 오후 7시반 제집에서의 조찬에서 인사드릴 수 있다면 대단히 기쁘게 생각하겠습니다.
답장 주시기를 바랍니다.
아무쪼록 평복 차림으로

알베르트 마이아 부처는 4월 9일 화요일 오후 7시 김선생 내외분을 격의없이 저녁식사에 초대할 수 있었으면 영광으로 생각하겠습니다.
답장을 부탁합니다.

　[주] 이상이 식사에 초대하는 안내장의 예입니다. 인쇄된 것이므로 약간 격식을 갖춘 것입니다. 표현방법이 한국의 경우와는 많이 다릅니다. 직역을 해 놓았습니다. 독일어 특유의 표현법을 익히도록 해 주십시오.

(Zusagen)

Seoul, den ⋯

Sehr geehrter Herr Kurz!
Für Ihre liebenswürdige Einladung zum Abendessen für Freitag, den 12. Mai um 7 Uhr, sage ich Ihnen und Ihrer verehrten Frau Gemahlin besten Dank. Ich werde mit Vergnügen kommen.

Ihr sehr ergebener
Hugo Laube

◉ ◉ ◉ ◉

Seoul, den ⋯

Sehr geehrter Herr Hesse, sehr verehrte gnädige Frau!
Meine Frau und ich danken Ihnen herzlichst für Ihre freundliche Einladung für Mittwoch, den 18. Juni, abends 7 Uhr 30. Mit Freude werden wir der liebenswürdigen Aufforderung Folge leisten.

Ihr sehr ergebener
Klaus Bauer

◉ ◉ ◉ ◉

(Absage für die Frau)

Seoul, den ⋯

Sehr geehrter Herr Maier!
Mit Freude habe ich Ihre liebenswürdige Einladung für Dienstag, den 9. April, abends 7 Uhr zum Abendessen und zum gemütlichen Abend erhalten. Leider ist es meiner Frau nicht möglich, der freundlichen Aufforderung Folge zu leisten,

1. 초대의 편지 및 승낙과 거절의 편지

(승낙의 답장)

 (승낙의 답장은 초대장을 받은 직후 될 수 있는대로 빨리 내지 않으면 안됩니다.)

서울, ...

존경하는 크루츠 선생님 !
5월 12일 금요일 7시의 만찬에 친절하게도 초대해 주셔서 선생 및 존경하는 부인에게 충심으로 감사말씀 드립니다. 기꺼히 참석하겠습니다.

배상
후고 · 라우베

서울, ...

존경하는 헷세선생, 존경하는 부인 !
6월 18일 수요일밤 7시반의 친절하신 초대를 받아 처와 함께 선생내외분께 충심으로 감사 드립니다. 기꺼히 저희들은 온정어린 권유에 따르겠습니다.

배상
크라우스 · 바우아

(처가 못가는 경우)

서울, ...

존경하는 마이아 선생님 !
 4월 9일 화요일 오후 7시의 저녁 식사와 격의 없는 저녁 한때에 대한 친절한 초대를 기쁘게 받았습니다. 유감스럽습니다만 아이가 병에 걸려 처는 온정어린 초대에 응할 수가 없게 되었습니다. 처는 독일인

weil unser Söhnchen erkrankt ist. Sie bedauert das um so mehr, als sie noch nie in einem deutschen Hause zu Gast war. Wenn Sie erlauben, werde ich allein erscheinen.

Wir danken Ihnen und Ihrer hochverehrten Frau Gemahlin, der sich meine Frau besonders empfehlen läßt, auf das herzlichste.

Ihr sehr ergebener
Segol So

(**Absage**)

Seoul, den ···

Lieber Herr Schubert!

Leider kann ich Ihrer liebenswürdigen Einladung zum Abendessen für Freitag, den 2. Mai nicht Folge leisten, weil ich, zu meinem größten Bedauern, bereits über den Abend verfügt habe.

Ich bitte sehr, mich Ihrer verehrten Frau Gemahlin bestens zu empfehlen, und verbleibe* mit Dank und besten Grüßen

Ihr sehr ergebener
Johann Feist

2) **Einladung ins Theater**

Seoul, den 5. Oktober 1994

Sehr geehrter Herr Professor!

Ich möchte mir erlauben, Sie und Ihre verehrte Frau Gemahlin im Namen meiner Eltern zu einem Besuch des Daehan Theaters einzuladen. Das Programm ist sehr gut, es

1. 초대의 편지 및 승낙과 거절의 편지

가정에 초대된 경험이 없으므로 더더욱 유감스럽게 생각하고 있습니다. 허락하신다면 저만 방문하겠습니다.
 저희들은 선생과 존경하는 부인에게 충심으로 감사드립니다. 부인에게는 처로부터 아무쪼록 잘 부탁한다는 안부말씀을 전해 달라고 말하고 있습니다.

배상
세 세 걸

―――

(거절의 편지)

서울, …

친애하는 슈베르트 선생님!
 5월 2일 금요일 만찬에 대한 친절한 초대에 응할 수가 없게 되었습니다. 대단히 유감스럽습다만 당야는 이미 선약이 있으므로 아무쪼록 존경하는 부인에게 안부말씀 전해주십시오.

배상
요한·파이스트

☞ verbleibe 이하는 말미의 인사.

2) 극장으로의 초대

서울, 1994년 10월 5일

존경하는 선생님!
 선생과 부인을 대한극장 구경에 초대하려 생각합니다. 양친을 대신하여 제가 부탁드립니다. 프로그램이 대단히 좋으며 가장 유명한 배우들이 출연하게 됩니다. 지장이 없으시다면 10월21일 화요일밤의 부

treten die berühmtesten Spieler auf. Wenn es Ihnen recht ist, würden wir Eintrittskarten für Dienstag, den 21. Oktober, für die zweite Vorstellung (Anfang Nachmittag 4 Uhr, Ende gegen 9 Uhr) besorgen. Darf ich mir die Antwort am Mittwoch nach der Vorlesung holen?

Ihr sehr ergebener

Segol So

☙ ☙ ❧ ❧

Seoul, den 8. 10. 1994

Sehr geehrter Herr Professor !

Meine Eltern danken Ihnen sehr für Ihre Zusage. Ich habe ihnen gesagt, daß Ihnen Montag der 20. Okt. besser passen würde. Zum Glück ist es meinem Vater gelungen, sehr gute Plätze für diesen Tag zu bekommen. Ich habe versucht, das Programm ins Deutsche zu übertragen, bitte, nehmen Sie mit dieser schlecten Übersetzung vorlieb. Ich werde mir erlauben, Ihnen die Karten in den nächsten Tagen zu überreichen.

Meine Eltern lassen sich Ihnen, sehr verehrter Herr Professor, bestens empfehlen.

Mit vorzüglicher Hochachtung

Ihr

Segol So

☙ ☙ ❧ ❧

Seoul, den 23. 10. 1994

Lieber Herr Segol So

Ich möchte Ihren verehrten Eltern und auch Ihnen noch einmal für den genußreichen Theaterabend danken. Die Vorfü-

1. 초대의 편지 및 승낙과 거절의 편지

(오후 4시 개연, 9시경 종연)의 입장권을 입수하려고 생각합니다. 수요일의 강연이 끝난뒤에 답장을 해 주실 수 있을까요.

　　　　　　　　　　　　　배상
　　　　　　　　　　　　세 세 걸

　　　　　　　　　　　서울, 1994년 10월 8일

존경하는 선생님 !
　승낙해 주신데 대하여 양친은 진심으로 감사하고 있습니다.
10월 20일 월요일쯤에 선생께서는 형편이 좋으시다고 양친에게 말씀드렸습니다. 다행하게도 부친은 그날의 대단히 좋은 좌석을 구할 수가 있었습니다. 나는 프로그램을 독일어로 번역해 봤습니다. 아무쪼록 서투른 번역이오나 양해해 주십시오. 근일중에 입장권을 선생에게 보내드리겠습니다.
　양친께 부디 안부전하라는 전갈이었습니다.

　　　　　　　　　　　　　배상
　　　　　　　　　　　　세 세 걸

　　　　　　　　　　　서울, 1994년 10월 23일

친애하는 서세걸군 !
　양친 및 귀군에게 즐거운 연극 구경의 밤에 대하여 다시한번 감사말씀드리네, 레퍼트리는 우리 두사람에게 대단히 흥미진진했고, 귀군

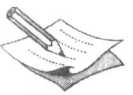

hrungen haben uns beide sehr interessiert, und der Genuß war durch Ihre gute Erklärung und die Übersetzung des Programmes noch erhöht. Bitte sagen Sie Ihrem Herrn Vater und Ihrer Frau Mutter auch noch einmal Dank für die liebenswürdige Bewirtung. Wenn Sie später einmal nach Deutschland kommen und wenn wir wieder dort sind, haben wir sicher Gelegenheit, Ihnen eine Opern-oder Schauspielaufführung zu zeigen. So prächtig wie im Kabuki sind die Kostüme da allerdings nicht, und mit so ausgefallenen Delikatessen können wir in den Spielpausen im Theater auch nicht aufwarten.

Mit den besten Empfehlungen an Ihre lieben Eltern und besten Grüßen an Sie selbst

Ihr
Fritz Kuhn und
Frau Hanna Kuhn

3) Einladung zum Fußballwettkampf

Seoul, den 13. September 1994

Lieber Herr Sommer!

Am kommenden Sonnabend (18. 9.) findet auf dem Dongdaemun Stadium ein Fußballwettkampf zwischen der Yonse und der Korea-Universitätsmannschaft statt. Es verspricht ein sehr interessantes Ereignis zu werden. Mein Freund hat mir zwei Freikarten geschenkt, ich würde mich sehr freuen, wenn Sie Lust hätten, mit mir hinzugehen. Bitte geben Sie mir bis Mittwoch Bescheid.

Mit vielen Grüßen
Ihr
Segol So

이 프로그램을 잘 설명하여 번역해 주었으므로 흥미가 한층 더 했었네. 아무쪼록 아버님과 어머님께 친절한 대접에 대한 감사 인사를 재차 여쭈어 주시게, 장래 귀군이 언젠가 독일에 유학하시게 되고 우리들도 또한 그쪽에 귀국해 있게되면 꼭 오페라나 연극의 상연을 구경시켜 드리려고 생각하네, 물론 독일에서는 춘향전과 같은 연극은 없지만.

양친에게 아무쪼록 안부말씀 전해 주시기 바라네
이만끝이네

프릿츠 · 쿤
한나 · 쿤

3) 축구 경기에의 초대

서울, 1994년 9월 13일

친애하는 존마군!
이번 토요일(9월18일) 동대문 경기장에서 고려대 연세대 양 대학팀의 풋볼 경기가 있습니다. 대단히 재미있으리라고 기대하고 있습니다. 친구로부터 입장권을 2매 얻었습니다. 형께서 함께 가주셨으면 대단히 기쁘겠습니다. 아무쪼록 수요일까지 답장주십시오.

안녕히
세 세 걸

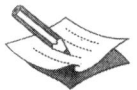

Ⅱ. 사신의 예문

Seoul,
Kwanag-ku,
Shinrim-dong, 10

(**Zusage**)

Seoul, den 14. Sept. 1994

Lieber Herr Segol So!

Es ist sehr freundlich, daß Sie an mich gedacht haben, ich gehe sehr gern mit Ihnen zu dem Fußball-Wettkampf. Sie wissen ja, ich bin ein großer Sportfreund und für Fußball habe ich eine besondere Liebe. Wo wollen wir uns treffen? Bitte rufen Sie mich vorher einmal an, damit wir einen Treffpunkt und die Zeit verabreden können. Meine Telefonnummer ist 733 -0761, abends nach 6 Uhr bin ich fast immer zuhause.

Besten Dank und viele Grüße

Ihr

Hans Sommer

(**Absage**)

Seoul, den 14. September 1994

Lieber Herr Segol So!

Wie schade! Gerade diesen Fußball-Wettkampf hätte ich so gern gesehen. Leider kann ich aber nicht mitkommen, am Sonnabend kommt mein Bruder mit seiner Familie zu uns zu Besuch. Ich habe ihn seit vielen Jahren nicht gesehen, und wir freuen uns beide auf dieses Zusammensein.

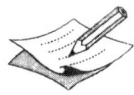

서울시
관악구 신림동 10번지

(승낙의 답장)

서울, 1994년 9월 14일

친애하는 서세걸군!
　나에 대하여 잊지 않고 관심을 가져 주시니 정말 고마워요.
　나는 기꺼히 풋볼 경기에 동반하겠습니다. 아시는바와 같이 나는 스포츠·팬으로 특히 풋볼을 좋아합니다.
어디서 만날까요. 아무쪼록 만날 장소와 시간을 상의하기 위하여 미리 한번 전화를 주십시오. 나의 전화번호는 733-0761입니다.
　오후 6시이후는 거의 언제나 집에 있습니다.

안녕히
한스·존마

(거절의 답장)

서울, 1994년 9월 14일

친애하는 서세걸군!
　유감스럽습니다! 이번의 풋볼 경기는 꼭 보고 싶습니다만 유감스럽게도 갈 수 없게 되었습니다. 토요일에 형님이 가족과 함께 오게되어 있습니다. 여러해 동안 만나지 못했으므로 저희들은 이번의 만남을 대기하고 있는 참입니다.
　내주에는 뵐 수 있습니다.

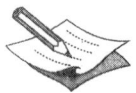

Vielleicht können wir uns im Laufe der nächsten Woche einmal treffen?

Recht schönen Dank für die gute Absicht und viele Grüße
Ihr
Hans Sommer

4) **Einladung zu einer Feier**

Seoul, den 12. November 1994

Lieber sehr geehrter Herr Kollege!

Anläßlich des 30jährigen Dienstjubiläums unseres gemeinsamen Freundes Dr. Sok Yeon So wollen wir dem Jubilar ein kleines Fest bereiten. Etwa zwanzig seiner nächsten Freunde sollen eingeladen werden. Die Feier soll am 28. November, abends 6 Uhr, im Hotelrestaurant Shinra stattfinden. Ich möchte Sie hiermit ganz ergebenst dazu einladen. Wollen Sie die Güte haben und mir mitteilen, ob es Ihnen möglich ist zu erscheinen?

Mit ergebenen Grüßen
Ihr
Mun Soak Ko

P. S. In den nächsten Tagen bin ich immer in der Universität zu erreichen.

※ ※ ※ ※

(**Zusage**)

Seoul, den 14. 11. 1994

Lieber Herr Kollege!

Mit dem größten Vergnügen nehme ich die Einladung zu der Jubiläumsfeier unseres verehrten Kollegen Dr. Sok Yeon So

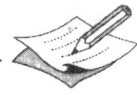

친절한 배려에 충심으로 감사합니다.

안녕히

한스 · 존마

4) 축연에의 초대

서울, 1994년 11월 12일

친애하는 존경하는 친구!

우리들의 공동의 친구 서석연박사의 30년 근속을 계기로 동씨를 위하여 조촐한 축연을 개최코저 합니다. 약 20명 가량의 친한 친구들이 초대되게 되어 있습니다.

연회는 11월28일 오후 6시 요정 신라에서 개최됩니다. 여기에 삼가 귀하를 초대하고자 합니다. 송구합니다만 출석의 유무 알려주셨으면 감사하겠습니다.

배상

고 문 석

추신 : 앞으로 수일간은 계속대학에 있겠습니다(대학에서 저에게 연락을 취할 수 있습니다 라는 뜻)

(승낙의 답장)

서울, 1994년 11월 14일

친애하는 동료!

우리들의 존경하는 동료 서석연 박사의 축하연에 저는 기꺼이 출석하겠습니다. 11월28일 오후 6시 정각까지 신라식당에 나가겠습니다.

an. Ich werde rechtzeitig am 28. November, abends 6 Uhr im Restaurant Shinrd sein.

Besten Dank für die freundliche Einladung.

Ihr
Helmut Ahrens

◆ ◆ ◆ ◆

(**Absage**)

Seoul, den 13. Nov. 1994

Sehr verehrter Herr Kollege !

Es tut mir sehr leid, daß ich an der Jubiläumsfeier unseres lieben Freundes, Dr. Sok Yeon So nicht teilnehmen kann. Vom 20. bis 30. November bin ich in Seoul, und es ist mir leider nicht möglich, diese Reise zu verschieben. Ich bedaure es umsomehr, weil wir seit Jahrzehnten befreundet sind und weil ich Dr. So gerade an diesem Tage gern persönlich gratuliert hätte. Haben Sie besten Dank für die Einladung, ich wünsche Ihnen ein recht schönes Fest.

Ihr ergebener
Helmut Ahrens

5) **Einladung**

Seoul, den 7. April 1994

Lieber Wolfgang !

Was tust Du am nächsten Sonntag? Wenn Du nichts Besseres vorhast, komm doch nach dem Abendessen zu uns. Ich habe mir ein paar ganz fantastische Grammofonplatten gekauft, die möchte ich Dir gerne vorspielen. Klaus Neumann und zwei nette junge Koreaner (ein Herr Ree und ein Herr

1. 초대의 편지 및 승낙과 거절의 편지

온정어린 초대에 감사하면서

배상
헬무트 · 아랜스

(거절의 답장)

서울, 1994년 11월 13일

존경하는 친구!
　우리들의 친애하는 친구 서석연박사의 축하연에 출석 못하는 것을 대단히 유감스럽게 생각합니다. 11월 20일부터 30일까지 서울에 있지 않으면 안됩니다. 이 여행을 연기하는 것은 유감스럽습니다만 불가능합니다.
　우리들은 수 10년내의 친구이고 당일 개인적으로도 축의를 표하고 싶다고 생각하고 있는 만큼 더욱 유감스럽게 생각합니다. 초대해 주셔서 충심으로 감사드립니다. 축하연이 성황하기를 기원합니다.

배상
헬무트 · 아랜스

5) 초대

서울, 1994년 4월 7일

　친애하는 볼프강군!
　다음 월요일은 어떠한 예정이 있는지? 중요한 예정이 아니면 저녁 식사후 꼭 놀러와 주시게 두세장 훌륭한 레코드를 입수했으므로 그것을 연주할 계획이네 크라우스노이만과 한국의 좋은 젊은이 청년(이군과 장군)이 오게되어 있네 댄스도 할 수 있으리라 생각하네 제 누이가 친구를 2, 3명 초대해 놓았으므로 꼭와주게.

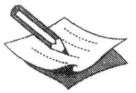

Jang) kommen auch. Wir können vielleicht auch tanzen, meine Schwester hat einige Freundinnen eingeladen. Bitte komm, es wird bestimmt sehr hübsch werden.

Dein
Friedrich

✎ ✎ ✎ ✎

(unbestimmte Zusage)

Seoul, den 9. April 1994

Liber Friedrich !

Ich danke Dir recht schön für Deine Einladung für nächsten Sonntag. Ich würde natürlich furchtbar gerne kommen, aber es ist möglich, daß ich zuhause bleiben muß, weil wir Besuch bekommen. Wenn ich mich trotzdem freimachen kann, oder wenn die Gäste absagen, werde ich erscheinen. Ich rufe Dich am Sonnabend noch einmal an.

Es grüßt Dich
Dein
Wolfgang

✎ ✎ ✎ ✎

(Absage vom Einladenden)

Seoul, 12. 4. 1994

Mein lieber Wolfgang !

Leider wird aus dem Musik-Tanzabend bei mir nichts. Meine Schwester ist sehr erkältet, und Klaus Neumann ist verhindert. Wir planen nun, den übernächsten Sonntag, also am 21., zusammenzukommen. Hoffentlich paßt es Dir dann

1. 초대의 편지 및 승낙과 거절의 편지

틀림없이 멋진 모임이 될 것이네

안녕히
프리드리히

(불확실한 답장)

서울, 1994년 4월 9일

친애하는 프리드리히군!
　이번 일요일의 초대에 대하여 충심으로 감사하네. 물론 진심으로 기꺼이 가고 싶지만 방문객이 있어 집을 비울 수가 없게 되는 수도 있으니 말이야. 손님이 있어도 나갈 수만 있다면 말할 것도 없고 손님쪽에서 방문을 거절해 오면 방문하겠네 어쨌든 토요일에 다시한번 전화하겠네.

안녕히
볼프강

(초대의 취소)

서울, 1994년 4월 12일

친애하는 볼프강군!
　예의 음악과 댄스의 밤이 유감스럽게도 취소되어 버렸네 누이 동생이 심한 감기에 걸리고 크라우스·노이만이 지장이 생겨 버렸네. 그래서 다음 다음주의 일요일 즉 21일에 모이기로 생각하고 있네, 바라건데 형의 형편이 좋도록 기원하고 있네

auch.

Viele Grüße
Dein
Friedrich

2. Glückwünsche und Beileidsbezeigungen

1) Geburt

Seoul, den ···

Sehr geehrter Herr ···

Zur Geburt Ihres Stammhalters sende ich Ihnen meine herzlichsten Glückwünsche. Mit den besten Empfehlungen an Ihre verehrte Frau Gemahlin verbleibe ich

Ihr ...

❦ ❦ ❦ ❦

Seoul, den ···

Lieber Herr ···

Mit Freude habe ich von der Geburt Ihres ersten Sohnes Kenntnis genommen. Ich wünsche von Herzen, daß dem neuen Erdenbürger ein Leben voll Gesundheit und Erfolg beschieden sein möge und daß er zum Stolz seiner lieben Eltern heranwachse. Bitte empfehlen Sie mich der jungen Mutter und seien Sie selbst bestens gegrüßt

von Ihrem
· · · · · ·

❦ ❦ ❦ ❦

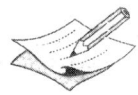

안녕히
프리드리히

2. 축하편지와 문상편지

1) 탄생

　　　　　　　　　　　　　　　　서울, …

존경하는 …님
후사의 탄생을 충심으로 축하합니다. 부인께도 부디 안부 말씀 전해 주십시오.
　　　　　　　　　　　　　배상

　　　　　　　　　　　　　　　　서울, …

친애하는 …
장남 탄생의 소식에 접하여 축하하네, 새로 탄생한 아드님께 건강과 성공에 충만한 생애가 주어지도록, 또 양친의 자랑하에 성장하도록, 충심으로 기원하네, 아무쪼록 젊은 산모에게도 안부 전해주게, 귀군 자신에게도 진정으로 축하하네.
　　　　　　　　　　　　　안녕히

Ⅱ. 사신의 예문

Seoul, den ···

Lieber Freunde!

Es ist also ein Töchterchen! Wir teilen Ihre Freude über die Ankunft des Familienzuwachses und hoffen, daß Ihnen die kleine Uta recht viel Sonnenschein ins Haus bringt. Mit den allerbesten Wünschen für Sie alle von uns beiden

Ihre ···

Lotte und Hans Main

Seoul, den ···

Lieber Hans Wend!

Zum Eintreffen des Zwillingspärchens unsere allerherzlichsten Glück-und Segenswünsche. Wir finden, daß das die netteste Lösung des Rätsels „wird es ein Junge oder wird es ein Mädel ist. Wir hoffen von Herzen, daß Ihre verehrte Frau Gemahlin und Sie, lieber Hans, immer nur Freude an den kleinen Ankömmlingen erleben mögen und daß diese in Gesundheit zu tüchtigen Menschen heranwachsen.

Freundschaftlichst, auch im Namen meiner Familie

Ihr ...

2) Geburtstag

Seoul, den ···

Sehr geehrter Herr ···

Zum Geburtstag die allerherzlichsten Glückwünsche. Mögen Ihnen noch viele schöne Lebensjahre in voller Gesundheit beschieden sein.

친애하는 벗이여
따님이었군요! 아기가 탄생한 귀댁의 기쁨의 영향으로 저희들도 행복합니다. 그리고 어린 따님이 귀댁에 정말로 빛나는 광명을 가져오도록 기원하고 있습니다.
귀댁의 모든것에 대하여 저희들의 진솔한 기원을 보내면서.
로때, 한스·마인부처

                                        서울, …

친애하는 한스·뭔트군!
  쌍동이 탄생에 충심으로 축하합니다. 「사내아이가 태어날 것인가 여식아이가 태어날 것인가」라는 수수께끼에 대한 가장 훌륭한 답이었다고 모두들 생각하고 있습니다. 부인과 귀형이 친애하는 한스형이여, 항상 아기들에게 기쁨을 갖도록, 또 아이들이 건강하고 훌륭한 사람이 되도록 우리들은 충심으로 기원하고 있습니다.
  깊은 우정을 가지고 또 우리 가족을 대신하여

2) 탄생일

                                        서울, …

존경하는 …님
  생일을 충심으로 축하합니다. 또 귀댁에 건강이 충만하는 아름다운 많은 세월이 주어지도록 기원하고 있습니다.

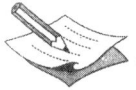

II. 사신의 예문

                    Mit besten Grüßen
                            Ihr ...

                    Seoul, den ...
Liebe, sehr verehrte Frau...
Wir gratulieren Ihnen von Herzen zu Ihrem Geburtstag und wünschen, daß Sie diesen Tag noch viele Male gesund und froh im Kreise Ihrer lieben Kinder und Kindeskinder erleben können. Gestern haben wir ein Päckchen an Sie abgeschickt, von dem wir hoffen, daß es rechtzeitig bei Ihnen eintrifft und Freude macht. Verleben Sie einen recht schönen Geburtstag und seien Sie von uns allen herzlichst gegrüßt.
                            Ihre ...
                            Familie ...

                    Seoul, den ...
Lieber, Freund !
Wie gerne wäre ich heute, an Deinem Geburtstag, zu Dir gekommen, um Dir meine guten Wünsche persönlich zu bringen. Da das, leider, nicht sein kann, schicke ich sie Dir hiermit schriftlich und hoffe, daß sie Dich bei bester Gesundheit erreichen. In der kommenden Woche rufe ich Dich einmal an, damit wir eine Nachfeier verabreden können.
Inzwischen noch einmal alles Gute und viele herzliche Grüße
                    Dein alter Freund
                                ...

2. 축하편지와 문상편지

안녕히

● ● ●

서울, ⋯

친애하는, 존경하는 ⋯부인!
  생일을 충심으로 축하합니다. 그리고 부인께서 이날을 앞으로도 몇 번이고 더욱 많이 아드님과 손자님들께 애워싸여 건강하게 기쁨에 넘친 체험이 되도록 기원합니다. 어제 작은 소포를 송부했습니다. 그것이 기일에 도착하여 기쁨을 드릴 수 있도록 되기를 기원합니다. 진정으로 즐거운 생일을 보내 주십시오. 우리들 모두로 부터 부인에게 충심으로 축하인사 드립니다.

안녕히

● ● ●

서울, ⋯

친애하는 친구여!
  형의 생일인 오늘 자네을 방문하여 친히 축하 말씀드리고 싶으나 유감스럽게도 그것이 불가능하므로 편지를 보내어 나의 소원이 자네 건강을 축하 하도록 빌고 있네 내주 다시 전화하겠네 후속 축하를 상의하기 위해서 말이야.
  여하튼 다시한번 행복을 비네

충심으로 안녕!
자네의 옛친구로부터

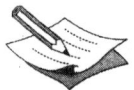

Ⅱ. 사신의 예문

3) Verlobung

Seoul, den ⋯

Liebes Fräulein Gisela !

Zu Ihrer Verlobung möchte ich Ihnen von Herzen gratulieren und meine besten Wünsche, für Ihre Zukunft senden. Bitte, empfehlen Sie mich Ihrem Bräutigam und Ihren lieben Eltern.

Ihr sehr ergebener

⋯

🐟 🐟 🐟 🐟

Seoul, den ⋯

Lieber, Herr Huger !

Nehmen Sie und Ihr verehrtes Fräulein Braut die allerbesten Glückwünsche von mir und meinen Eltern entgegen. Möge Ihnen beiden eine schöne Zukunft in Gesundheit und Zufriedenheit beschieden sein. Ich hoffe bei Gelegenheit meine guten Wünsche persönlich wiederholen zu können.

Ihr

⋯

🐟 🐟 🐟 🐟

4) Hochzeit

Seoul, den ⋯

Lieber Herr und Frau Griebel !

Allerherzlichste Glück-und Segenswünsche zu Ihner Vermählung. Erst heute habe ich die Nachricht gehört und war sehr erfreut. Ich wünsche Ihnen für Ihren gemeinsamen Lebensweg

3) 약 혼

서울, …

친애하는 기제라양!

　기제라양의 약혼을 충심으로 축하합니다. 그리고 양의 전도에 나의 최선의 기원을 보냅니다. 아무쪼록 신랑과 양친에게 안부 전해 주세요.

안녕히

친애하는 후가군!

　귀형과 귀형의 약혼자에게 보내는 나와 양친으로 부터의 진솔한 축하를 받아 주시도록 소원합니다. 건강과 만족이 충만하는 아름다운 장래가 두분께 보장되도록. 또 기회를 얻어 친밀하게 되풀이 하여 축하말씀 드리고저 합니다.

안녕히

4) 결혼식

서울, …

친애하는 그리배르 부처에게!

　두분의 결혼을 충심으로 축하드립니다. 오늘 처음으로 소식을 듣고 대단히 기쁘게 생각합니다. 두분 공동의 인생항로에 행운이 있으시기를 충심으로 기원합니다.

von Herzen das Beste.

Ihr sehr ergebener

...

* * *

Seoul, den ···

Sehr geehrter Herr Dr ···
Ihnen und Ihrer Frau Gemahlin gratuliere ich aufs herzlichste zu Ihrer Vermählung. Möge Ihnen eine Zukunft in schöner Gemeinsamkeit bevorstehen.

Dies wünscht Ihnen

Ihr ...

* * *

5) **Todesfall**

Seoul, den ···

Sehr geehrter Herr Kollege!
Die Nachricht vom Tode Ihrer verehrten Frau Gemahlin hat mich sehr betroffen. Darf ich Sie meines aufrichtigen Beileides versichern.

Ihr ...

* * *

Seoul, den ···

Sehr geehrte Frau Dr. Schwarz!
Eben erfahre ich, daß Ihr lieber Gatte verschieden ist. Ich kann es noch garnicht fassen, haben wir doch erst vor wenigen Tagen noch seinen Grburtstag gefeiert. Von Herzen

2. 축하편지와 문상편지

안녕히

서울, …

존경하는 …박사님!
귀형과 부인에게 충심으로 결혼을 축하합니다.
새로운 공동생활에 행복이 충만한 장래가 열리도록 기원합니다.

그것을 귀형에게 기원하면서

5) 서 거

서울, …

존경하는 동료에게!
부인의 서거를 접하여 정말로 놀랐습니다.
충심으로 애도를 드립니다.

서울, …

존경하는 슈바르츠 박사 부인에게!
주인께서 서거하셨다는 소식 방금 전해 들었습니다.
정말로 깜짝 놀랐습니다. 바로 몇일전 생일 축하를 했던 것이 아닙니까. 충심으로 친구의 서거를 애도하며 친애하고 존경하는

독·일·어·편·지·쓰·는·법

betrauere ich den Verlust meines Freundes und drücke Ihnen, liebe, sehr geehrte Frau Dr. Schwarz, voll inniger Teilnahme die Hand.

Ihr Ihnen sehr ergebener

. . .

◆ ◆ ◆ ◆

Seoul, den ···

Mein lieber Herr ···
Ich weiß, daß Worte Ihren großen Schmerz, den Sie durch den Verlust Ihrer lieben Mutter erlitten haben, nicht lindern können. Aber ich möchte Ihnen sagen, daß alle, die Ihre Mutter gekannt haben, wie ich, diese Nachricht mit echtem Mitgefühl zur Kenntnis nahmen, und daß wir der verehrten Toten immer ein treues Andenken bewahren werden.

Mit dem Ausdruck meines herzlichsten Beileides
verbleibe ich
Ihr . . .

◆ ◆ ◆ ◆

6) Glückwünsche ; Weihnacht und Neujahr

Ich wünsche Ihnen ein schönes Weihnachtsfest und frohe Festtage.

Ihr . . .

◆ ◆ ◆ ◆

Frohe Weihnacht und ein glückliches neues Jahr
wünscht Ihnen

독터·슈바르츠 부인의 손을 정성어린 동정을 다하여 굳게 꼭 쥐여 봅니다.

배상

서울, …

친애하는 …님！
 모친을 여윈 큰 슬픔을 말로서 위로할 수 없다는 것은 잘 알고 있습니다. 그러나 나는 당신의 어머님을 알고 있는 모든 사람들이 나와 같이 이 소식을 접하여 충심으로 부터의 동정을 금할 수가 없었다는 것과 서거하신 자당님에 대한 사모하는 생각은 언제까지나 가슴속에서 사라지지 않는다는 것을 전해드리려고 합니다.
 충심으로 조의를 표하면서 …

6) 크리스마스와 신년

크리스마스와 신년의 인사가 합쳐져 오는 수가 있다. 독일에서는 크리스마스쪽이 큰 행사이므로

 화려한 크리스마스 축제와 즐거운 신년이 당신에게 다가오기를 기원합니다.

 즐거운 크리스마스와 행복한 신년이 되기를 당신을 위하여 기도합니다.

Ihr...

🐟 🐟 🐟 🐟

Herzliche Weinachtsgrüße und beste Wünsche zum Jahreswechsel!

Ihr ergebener

...

🐟 🐟 🐟 🐟

Die besten Wünsche zum Jahreswechsel!

Ihr sehr ergebener

...

🐟 🐟 🐟 🐟

Ich wünsche Ihnen ein gesegnetes neues Jahr.

Mit besten Grüßen

Ihr...

🐟 🐟 🐟 🐟

Herzlichste Neujahrsgrüße!

Ihr ...

🐟 🐟 🐟 🐟

Herzliche Glückwünsche für das neue Jahr und beste Grüße.

Ihr ...

🐟 🐟 🐟 🐟

Ihnen und Ihrer lieben Familie wünsche ich ein gesundes

2. 축하편지와 문상편지

　　　　🐟 🐟 🐟 🐟

　진솔한 크리스마스의 축하와 새해를 맞이함에 즈음하여 충심으로 행운을 기원합니다.

　　　　🐟 🐟 🐟 🐟

　새해를 축하합니다.

　　　　🐟 🐟 🐟 🐟

　귀하에게 다복한 신년을 기원합니다.

　　　　🐟 🐟 🐟 🐟

　신년을 축하합니다.

　　　　🐟 🐟 🐟 🐟

　신년을 맞이하여 충심으로 축하함과 동시에 인사말씀 드립니다.

　　　　🐟 🐟 🐟 🐟

　귀하와 귀하의 가정에 건강하고 행복한 새해가 되기를 기원합

II. 사신의 예문

und gesegnetes neues Jahr.

            Ihr ...

    🐟 🐟 🐟 🐟

 Ich erwidere Ihre guten Wünsche für das neue Jahr aufs herzlichste.

            Ihr ...

    🐟 🐟 🐟 🐟

 Besten Dank für Ihre Glückwünsche zum Jahreswechsel, die ich hiermit auf das herzlichste erwidere.

            Ihr ...

    🐟 🐟 🐟 🐟

          Seoul, den ...

Sehr geehrter Herr Professor!

 Ein neues Jahr fängt an, und ich möchte einer der ersten sein, der Ihnen Glück und alles erdenkliche Gute wünscht. Sie haben mir im vergangenen Jahr sehr oft mit Ihrem freundlichen Rat geholfen, und ich habe, fürchte ich, Ihre Großzügigkeit oft übermäßig in Anspruch genommen. Darf ich Ihnen noch einmal meinen herzlichsten Dank für alles sagen. Ich werde mich stets bemühen, Ihnen, meinem verehrten Lehrer, Ehre zu machen.

 Mit dem Ausdruck meines Dankes und meiner Hochachtung
        verbleibe ich ...
        Ihr sehr ergebener

           ...

2. 축하편지와 문상편지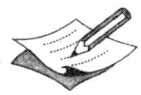

니다.

․ ․ ․ ․

연하장을 받고서 이쪽에서도 충심으로 초청합니다.

․ ․ ․ ․

연하장 감사하였습니다. 저도 이에 충심으로 축하말씀 올립니다.

․ ․ ․ ․

서울, …

존경하는 선생님!
　새해를 맞이하게 되었습니다. 저는 누구보다도 먼저 선생님께 행복과 생각할 수 있는 모든 행운이 찾아오도록 기원하는 한사람이 되고져 합니다.
　지난해 선생님이 친절하신 조언으로 자주 저를 도와주셨습니다. 그 선생님의 관용을 너무나 자주 과도하게 요구하였던 것은 아닌가 하고 송구스럽게 생각하고 있습니다. 그 모든것에 대하여 다시한번 감사 인사를 드리고져 합니다.
　저는 항상 명심하고 존경하는 선생님께 경의를 표하려고 노력하고 있습니다.
　감사와 존경의 뜻을 표하면서

배상

3. Postkarten und Briefe von Ausflügen und Reisen.

1) Postkarten

Von unserem schönen Ausflug nach senden wir Ihnen viele Grüße !

Segol So

▰ ▰ ▰ ▰

Leider ist unsere Landpartie verregnet. Wir sitzen aber trotzdem fröhlich in dem berühmten alten Hotelrestaurant „Anker" und senden Ihnen herzliche Grüße !

Ihre

. . .

▰ ▰ ▰ ▰

Wie schade, daß Sie nicht bei uns sind ! Wir haben bei herrlichstem Wetter den Hanra bestiegen. Die Aussicht ist über alle Maßen schön ! Es grüßen herzlich

. . . . . .

. . . . . .

▰ ▰ ▰ ▰

(Karte von einer japanischen Studentin)

1. 1. 1994

Liebe Frau Jahn !

Herzlichsten Dank für Ihre liebe Weihnachtskarte. Bin zur Zeit in der Nähe von St. Moritz und fröne dem Wintersport. Es ist eine so traumhaft schöne Gegend, daß mir das

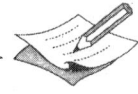

3. 하이킹이나 여행지에서의 편지와 엽서

1) 엽 서

경주의 여행지에서 인사드립니다.
서 세 걸

우리들의 하이킹은 유감스럽게도 비때문에 엉망입니다. 그래도 모두들 건강하여 오래된 유명한 요정 「엥커」에 앉아 있습니다. 그리고 당신에게 충심으로 부터의 인사를 올립니다.

당신과 함께하지 못한 것은 정말로 유감입니다. 우리들은 쾌청한 날씨 덕분에 한라산에 올라 왔습니다. 전망은 말할나위 없이 훌륭합니다. 충심으로부터 인사드립니다.
… (복수의 이름의 계속)

(한국 여학생에게서의 엽서)

서울, 1994년 1월 1일
친애하는 야부인!
크리스마스의 편지 감사했습니다. 지금 장크트·모리츠 근처에 있으며 윈터·스포츠에 열중하고 있습니다. 이 근처는 정말로 꿈과 같이 아름다운 곳이며 덕택으로 홈식도 어디론지 날아가

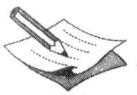

Heimweh ganz und gar vergeht. Wünsche Ihnen noch nachträglich ein erfolgreiches, glückliches neues Jahr!

Ihre
Segol So

(Von einer Schiffsreise ins Ausland)

Sehr geehrte Herr und Frau Dr. Jahn! Herzl. Grüße vom Pazif. Ozean! Ein wenig interessantes Merr! Keine Abwechslung, viel Nebel! Die Gesellschaft auf dem Schiff ist aber sehr angenehm! Ich denke oft an Sie und werde noch oft an die schönen Stunden bei Ihnen denken. Bitte vergessen Sie nicht Ihren dankbaren

. . .

6. 3. 1994

In einer halben Stunde geht die Reise los. Das Schiff liegt an demselben Pier, an dem, Sie damals ankamen. (Schöne etwas schwermütige Erinnerungen!) Der Abschied vom schönen Pusan ist nicht leicht! Noch einmal tausend Dank für alle Freundschaft und hoffentlich auf Wiedersehen!

Ihr . . .

Am 7. Mai vormittags bin ich in Bonn angekommen. Die Wohnung, die man mir besorgt hat, scheint ein sehr geeigneter Ort fürs Studieren zu sein. Ich wohne ganz in der

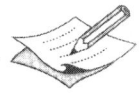

버렸습니다. 늦었지만 신년 축하인사 드립니다.
(…성공에 충만된 행복한 새해가 되기를 기원함)
　　　　　　　　　　　　　　　　서 세 걸 올림

(외유 선박여행중에서)

　존경하는 독터 · 얀부처님께 !
　태평양상에서 인사말씀 드립니다. 즐겁지 못한 바다 입니다. 조금도 변화가 없고 안개만이 자욱합니다 ! 하지만 선상에서의 교재하는 꽤 유쾌합니다. 가끔 두분 생각이 납니다.
　댁에서 즐거웠던 시간이 더욱 생각이 납니다. 정말로 감사함을 잊지 못하겠습니다.
　당신에게 고마워하고 있는 것을 잊지 마시도록
　　　　　　　　　　　　　　　　　　　　　…

　　　　　　　　　　　　　　　1994년 3월 6일
　30분후에 여행이 시작되려고 하고 있습니다. 그 무렵 당신이 도착했던 같은 부두에 배가 도착했습니다.
　아름다운 조금은 우울한 느낌입니다. 아름다운 부산과 헤어지는 것은 섭섭합니다 ! 모든 우정에 다시한번 깊은 감사를 드립니다. 다시 뵐 날을 기대하면서
　　　　　　　　　　　　　　　　당신의 …

　5월7일 오전 나는 본에 도착했습니다. 소개를 해주신 숙사는 공부하기에는 좋은 장소 같이 생각됩니다. 나는 지금 우리들의

Nähe von unserem gemeinsamen Freund Kim. Heute habe ich schon die erste Vorlesung gehört und einen freundlichen jungen Studenten kennengelernt. Bleiben Sie gesund! Viele Grüße

Ihr getreuer

...

2) **Brief**

Frankfurt/Main, den ...

Liebe Freunde!
In Frankfurt bin ich planmäßig vor einer Woche gelandet. Der Flug war sehr interessant, und ich hatte sehr angenehme Reisegefährten. Am Flughafen in Frankfurt erwarteten mich zwei Koreanische Freunde und führten mich zu Familie X, wo ich für die erste Zeit ein Zimmer bewohnen werde. Die schöne Stadt Frankfurt mit ihren imposanten Neubauten hat einen sehr starken Eindruck auf mich gemacht. Ich freue mich schon sehr auf das Leben in Deutschland und vor allem auf das Studium. Morgen werde ich zum ersten Mal in die Universität gehen und eine Vorlesung über ... bei Professor X hören. Vorläufig fällt es mir noch sehr schwer, einer deutschen Unterhaltung zu folgen. Aber Alle sind sehr freundlich und geduldig und versichern mir, daß das nur im Anfang so sei und daß ich bald diese Schwierigkeit überwinden würde. Das deutsche Essen schmeckt mir bereits sehr gut, nur am Morgen vermisse ich mein Koreanisches Frühstück.

Ich möchte Ihnen noch einmal sehr herzlich für Ihre viele Mühe und Hilfe danken. Bald werde ich erzählen, wie ich

3. 하이킹이나 여행지에서의 편지와 엽서

공통의 친구 김군의 근처에 있습니다. 오늘 이미 최초의 강의를 들었습니다. 그리고 친절한 젊은 학생과 친하게 되었습니다.
   아무쪼록 건재하시기를! 안녕히

당신의 …

            ◈ ◈ ◈ ◈

2) 편 지

마인강변 프랑크프르트 …

친애하는 친구여!
   프랑크프르트에는 예정대로 일주일 전에 도착했습니다. 비행기 여행은 대단히 재미있고 대단히 기분이 좋은 여행 친구도 생겼습니다. 프랑크프르트의 공항에는 두명의 한국 친구가 마중을 나와 나를 X에 안내해 주었습니다.
   우선 거기에 방하나 빌릴 작정입니다. 경탄할만한 새로운 건축이 늘어져 있는 아름다운 프랑크프르트의 도시에서 나는 대단히 강렬한 인상을 받았습니다. 독일의 생활이 이제부터 기대됩니다. 특히 공부가 내일 비로소 대학에 가서 X교수의 …에 관한 강의를 들을 계획입니다. 현재로서는 독일회화에 따라가는 것이 대단히 힘이 듭니다. 하지만 모두들 친절하여 참을성 있게 해 나가면 단지 처음만 그렇지 불원간 곤란을 뚫고 나갈 수 있을 거라고 격려해 줍니다. 독일 요리는 이제 대단히 맛있다고 생각합니다. 다만 아침식사만은 한식이 없는 것이 아쉽습니다.
   여러가지로 노력과 조력을 해 주신데 대하여 여기에 재차 감사말씀 드리고져 합니다. 생활에 익숙해진 모습을 근간에 알려 드리겠습니다. 안녕히

항상 감사하고 있는 당신

…

독·일·어·편·지·쓰·는·법

Ⅱ. 사신의 예문

mich eingelebt habe.

      Mit besten Grüßen
      Ihr stets dankbarer
            ···

          Bonn, den ···

Sehr geehrter Herr Professor !
 Nun bin ich schon drei Wochen in Deutschland. Vor meiner Ankunft in Genua hatte ich doch etwas Angst, weil ich ja kein Italienisch sprechen kann. Aber meine Sorge war umsonst, denn als das Schiff in Genua ankam, erschien ein Italiener, der gut Deutsch sprechen konnte, und half mir, mein Gepäck vom Schiff zum Zollamt zu bringen. Dort ging alles sehr glatt, der Beamte hat nur einen einzigen Koffer angesehen. Ich habe sofort ein Telegramm an meinen Freund Ree nach Bonn geschickt und meine Ankunft angemeldet. Noch am selben Abend bin ich durch die Schweiz gefahren.
 Das war eigentlich schade, ich hätte gern die Reise am Tage gemacht, aber ich wollte nicht allein in der fremden Stadt Genua bleiben. Im Zug traf ich drei deutsche Studenten, die in Heidelberg studieren. Sie hatten eine Reise nach Ägypten gemacht. Wir haben uns gleich angefreundet. Sie gaben mir Brot und roten Wein, und ich teilte eine Dose mit eingemachten Koreanischen Früchten mit ihnen. Danach haben wir sehr gut geschlafen, und als wir aufwachten, waren wir schon in Deutschland.
 Hatte ich Ihnen schon erzählt, daß ich eine Tour nach Kairo gemacht und die Pyramiden gesehen habe? Ich habe mit einer

3. 하이킹이나 여행지에서의 편지와 엽서

본, …

존경하는 선생님!

　벌써 독일에 와서 3주가 됩니다. 제노아에 도착하기 전에는 이태리어를 모르므로 역시 약간 불안했습니다. 그러나 나의 불안은 기우였습니다. 왜냐하면 배가 제노아에 도착하자 독일어를 잘하는 이태리인이 나타나서 화물을 배에서 세관으로 운반하는데 거들어 주었습니다. 거기에서는 만사가 순조롭게 진행되어 세관리는 한개의 트렁크를 검사했을 뿐이었습니다. 나는 즉시 본에 있는 친구 이군에게 전보를 쳐서 도착을 알렸습니다. 그날 밤안에 나는 스위스를 통과했습니다. 그러나 그것은 정말로 유감이었습니다. 실제로는 낮에 여행을 하고 싶었으며 혼자서 미지의 제노아 도시에 머물고 싶지 않았기 때문이었습니다. 차안에서 하이델베르크에서 공부하고 있는 3명의 독일대학생을 만났습니다. 그들은 에지프트 여행에서 돌아오는 길이었습니다. 우리들은 곧 친해졌습니다. 그들은 나에게 빵과 적포도주를 주었습니다. 나는 그들과 한국 과일깡통을 나눠 먹었습니다. 그런뒤 우리들은 곤히 잠들었습니다. 눈을 떠보니 이미 독일에 들어와 있었습니다.

　카이로에 여행을 하여 피라밋을 구경했던 것을 벌써 알려드렸던가요. 나는 배에서 나온 동행의 일단과 피라밋 바로 앞의 호텔에서 일박을 했었습니다. 그것은 나의 즐거운 여행 중에서도 가장 즐거웠던 체험의 하나였습니다.

　본에 도착하자 친절한 이군이 이미 홈에 마중을 나와주었습니

Gruppe Mitreisender vom Schiff in einem Hotel gerade vor den Pyramiden übernachtet. Das war eines der interessantesten Erlebnisse auf meiner schönen Reise.

Als ich Bonn ankam, war der gute Herr Reeschon auf dem Bahnsteig. Die Freude des Wiedersehens war bei uns beiden gleich groß. Wir fuhren dann sofort zu dem für mich gemieteten Zimmer und erzählten uns gegenseitig von unseren Erlebnissen.

Dabei haben wir auch an Sie, verehrter Herr Professor, gedacht und uns an Ihre viele Mühe und große Hilfe erinnert. Haben Sie noch einmal vielen herzlichen Dank. Ich werde mich bemühen, Ihre guten Ratschläge zu befolgen. Herr Ree hat mich gebeten, Ihnen seine besten Grüße zu übermitteln.

Ihr Ihnen sehr ergebener, treuer Schüler

. . .

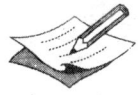

다. 재회는 우리 두사람에 있어서 크나큰 기쁨이었습니다. 우리들은 그런뒤 바로 나를 위하여 빌려놓은 방으로 가서 체험담을 서로 이야기 했습니다.

   그때 우리들은 존경하는 선생님 선생님에 대한 것을 생각하며 선생님의 많은 노고와 크나큰 원조를 상기했습니다. 거듭 충심으로 감사말씀 드립니다. 선생님의 친절하신 조언을 따르고져 노력하려고 생각합니다. 이군으로부터 선생님께 부디 문안말씀 전해달라는 부탁이 있었습니다.

                   성실한 선생님의 제자

III. 전보

 전보는 독일의 모든 우체국 전보국에서 타전할 수가 있습니다.
본문을 전보용지에 쓰거나 전보를 전화로 치든가 합니다.
 전문은 명확하게 될 수 있는데로 짧게 합니다.
 상대방의 주소 성명은 전보의 배달에 필요한 기재를 모두 생략해서는 안됩니다.
 대도시에서는 구·동·번지도 필요합니다. 수신인의 성명 말미에는 반드시 수신지(도시명)를 기재해야 합니다. 대회사에서는 수고를 덜기 위하여 자주 특별한(될 수 있는데로 짧은) 전보수신명을 사용합니다.
 국내 전보에서는 전보의 수신명은 수신인의 성명과 전화번호로 충족시킵니다. 예를들면 8. 22 96 독터·마이네르트, 코브렌츠(시), 이와같은 경우의 전보는 전화로 전달할 수 있습니다.
 보통전화외에 지급〔전〕보 특급〔전〕보, 간송전보 등이 있습니다. 지급보는 특별히 빨리 배달 됩니다. 수신인명 앞에 「D」라는 표시가 붙습니다. 요금은 배가 듭니다.
 특급보는 특별히 빨리 배달되며 「Blitz」라는 표시가 붙습니다. 보통요금의 10배가 걸립니다.
 전송전보는 우편배달부에 의하여 즉 우편배달의 방법으로 배달됩니다.
 발신료 첨부 전보에 대해서는 발신인이 미리 요금을 지불할 수가 있습니다. 「RP」라는 표시가 붙여집니다. (RP=반신료 지불제)
 발신인은 전보용지의 소정란에 주소성명을 명기하지 않으면 안됩니다. 전보를 치는 사람은 반드시 신원을 명확하게 해놓지 않으면 안됩니다.
 언어의 철자를 말해야 할 때는 다음의 알파벳을 사용합니다. 이것은 암기해 두면 편리합니다.
 A wie Anton, B wie Berta…라고 발음한다.

A = Anton
Ä = Ärger
B = Berta
C = Cäsar
Ch = Charlotte
D = Dora
E = Emil
F = Friedrich
G = Gustav
H = Heinrich
I = Ida
J = Julius
K = Konrad
L = Ludwig
M = Martha
N = Nordpol

O = Otto
Ö = Ödipus
P = Paula
Q = Quelle
R = Richard
S = Siegfried
Sch = Schule
T = Theodor
U = Ulrich
Ü = Übel
V = Viktor
W = Wilhelm
X = Xanthippe
Y = Ypsilon
Z = Zeppelin

[주] 전보용지에 관해서는 Ⅶ부록 3 참조할 것.

Ⅲ. 전 보

1. Telegramme für verschiedene Gelegenheiten
1) Gratulationen

HANS URBAN
MITTELSTRASSE 3 HEIDELBERG
   HERZLICHSTE GLÜCKWÜNSCHE ZUR
   GEBURT DES STAMMHALTERS
        FAMILIE* HELM

8 22 96 DR. MEINERT
            KOBLENZ
VON HERZEN BESTE GEBURTSTAGS-
WÜNSCHE
                      HANS ORTH

GLÜCK UND SEGEN FÜR DIE ZUKUNFT
  WÜNSCHT
                    LOTTE LANGE

ZUR VERLOBUNG HERZLICHSTE GLÜCK-
  WÜNSCHE

DEM BRAUTPAAR DIE BESTEN WÜNSCHE

1. 전문의 실례

1. 전문의 실례

1) 축하전보

하이델베르크 밋테르슈트라세 3
한스·우르반 귀하
「장남의 생일을 축하함」

　　　　　　　　　　　　　　　　　　헤름

[주] *헤름가(家)라는 뜻

　　　　　　◈ ◈ ◈ ◈

코브렌츠 8 22 96
마이네르트 박사 귀하
「탄신일을 충심으로 축하함」

　　　　　　　　　　　　　　　　한스·오르트

　　　　　　◈ ◈ ◈ ◈

「장래의 축복을 기원함」

　　　　　　　　　　　　　　　　　로테·랑게

　　　　　　◈ ◈ ◈ ◈

「혼약을 축복함」

　　　　　　◈ ◈ ◈ ◈

「신랑 신부의 행복을 기원함」

　　　　　　◈ ◈ ◈ ◈

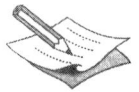

DEM JUBILAR* NOCH VIELE GESUNDE
   JAHRE WÜNSCHT

ZUM JUBILÄUM* BESTE WÜNSCHE

WIR FEIERN IM GEISTE MIT

GRATULIERE ZUM BESTANDENEN EXAMEN

2) Unglücksfälle, Tod

VATER PLÖTZLICH ENTSCHLAFEN BRIEF
   FOLGT

HANS SCHWER ERKRANKT

KOMMT SCHNELLSTENS ZURÜCK GRETE
   VERUNGLÜCKT

MUTTER FRIEDLICH ENTSCHLAFEN
BEGRÄBNIS FREITAG DREIZEHNTEN ZWEI

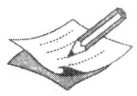

「오래오래 건강하시기를 기원함」

[주] 축하를 받은 노인, 고희, 희수(77), 미수(88)등의 축하를 받은 노인, 그분에게 다시 건강한 많은 세월이 있기를 기원한다는 뜻.

「고희의 축연을 삼가 축하함」

[주] Jubiläum은 축제의 뜻, 내용여하로 전연 다른 것이 된다. 전문에 고희라고 넣은 것은 한국식으로 고희의 축하로 가정하여 전문의 안정을 고려한 것임.

「저희들도 충심으로 함께 축하합니다.」

「합격을 축하함」

2) 불행을 알리는 전보

「부친 급서거함 강문희」

「한스 중태」

「그레테 조난함 지급귀환」

「모친 영면 13일 금요일 2시 장례」

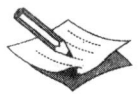

Ⅲ. 전 보

UHR

ELTERN AUTOUNFALL SCHWER VERLETZT KRANKENHAUS

MUSS REISE AUFGEBEN BIN ERKRANKT

3) **Kondolenz**

HERZLICHSTES BEILEID

INNIGSTES MITGEFÜHK

TIEF ERSCHÜTTERT INNIGE TEILNAHME

BIN SEHR TRAURIG STOPP ICH KOMME FREITAG ABEND

4) **Hotelbestellung**

HOTEL HOHENSTAUFEN KOBLENZ

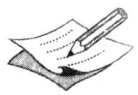

「양친 자동차 사고로 중상 입원함」

「병환으로 여행을 떠나지 못함」

3) 조 전

「충심으로 애도의 뜻을 표함」

「충심으로 조의를 표합니다」

「충심으로 슬픔을 견딜 수 없음」

「비통 기다리기 바람 금요일밤 도착」

4) 호텔방 신청

코브렌츠 호엔슈타우펜여관 귀중

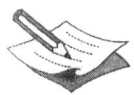

RESERVIERT ZWEIBETTIGES ZIMMER
BAD EINTREFFE DIENSTAG ZWÖLFTEN
HERBERT SEIDEL

BESTELLE EINBETTZIMMER ZWEI
NÄCHTE ANKOMME MONTAG DRITTEN ABENDS
ARTUR BRANDT

ABBESTELLE ZIMMER MONTAG DRITTEN
ARTUR BRANDT

ANKUNFT VERÄNDERT DIENSTAG
VIERTEN
ARTUR BRANDT

BITTE ZIMMER BESORGEN

ANKOMME FREITAG BITTE HOTELUNTER-
KUNFT BESORGEN

5) **Reise**

ANKOMME MONTAG VORMITTAG

1. 전문의 실례

「12일 화요일 도착 목욕탕 딸린 침대방 두개 부탁」
해르바트 · 자이데르

「3일 월요일 오후 도착 침대방 한개 2박 부탁함」
알투어 · 브란트

「3일 월요일 방 취소함」
알투어 · 브란트

「예정변경 4일 화요일 도착」
알투어 · 브란트

「방 배려바람」

「금요일 도착 호텔 부탁함」

5) 여 행

「월요일」 오전 도착

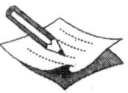

Ⅲ. 전 보

ANKUNFT MITTWOCH NACHMITTAG
　NICHT ABHOLEN

EINTREFFE FREITAG ACHTEN MIT EILZUG
　SECHZEHN UHR VIERZEHN

BIN GESUND ANGEKOMMEN GRUSS

ALLES IN ORDNUNG VIELE GRÜSSE

REISE VERSCHOBEN BRIEF FOLGT

LEIDER VERHINDERT NÄHERES BRIEF

ZUG VERPASST ANKOMME MORGEN
　VORMITTAG

BON VOYAGE HERZLICHE GRÜSSE

독·일·어·편·지·쓰·는·법

1. 전문의 실례

「수요일 오후 도착 마중불요」

「8일 금요일 17시14분 준급으로 도착」

「무사 도착 알림」

「만사 해결됨 잘 부탁함」

「여행 연기됨 뒤에 편지함」

「유감이지만 지장이 생김 상세한 것은 편지로」

「기차를 노침 내일 오전 도착」

「건강하시기를 안녕」

독·일·어·편·지·쓰·는·법

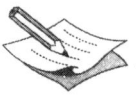

III. 전 보

BESTE WÜNSCHE FÜR GUTE REISE

WÜNSCHE HERZLICHST GUTE REISE

HYUNG JU SO   DAMPFER LEVERKUSEN HAMBURG
   HERZLICHE ABSCHIEDSGRÜSSE WÜN-
   SCHEN RUHIGEN SEEGANG UND
   SCHÖNE REISE

FAMILIE TRUB

6) **Verschiedenes**

HABE HANDTASCHE VERGESSEN BITTE
NACHSENDEN

BITTE SCHNELLSTENS GELD SCHICKEN
   GRUSS UND DANK

EXAMEN BESTANDEN

STAMMHALTER ANGEKOMMEN MUTTER
   SOHN WOHLAUF

독·일·어·편·지·쓰·는·법

「여로 평안을 기원함」

「충심으로 편안한 여행을 기원함」

「함부르크시 기선 레바크젠호 전교(轉交)」
                                     서형주 귀하

「평안한 항해와 아름다운 여행을 기원하며 진정으로 석별의 인사를 드림」
                                     투 룻프가 일동

6) 기　타

「핸드백을 잊었음. 보내주기 바람」

「지급 송금 바람 잘 부탁합니다. 감사하겠음」

「시험에 합격했음」

「장남 탄생 모자 함께 건재」

Ⅲ. 전보

ES IST EIN MÄDEL MUTTER KIND GESUND

DRAHTER OB BRIEF ANGEKOMMEN BIN IN SORGE

1. 전문의 실례

「딸 탄생 모자 함께 건재」

「편지 도착했는지 답장바람 걱정됨」

Ⅳ. 펜·프렌드

Ⅳ. Brieffreund

1) Anzeigen

1) Student 22 J., möchte mit koreanischem Studenten entsprechenden Alters brieflich über vielerlei plaudern. Besondere Interessengebiete : Kunst, Architektur u. Literatur. Zuschriften erbeten an Fritz Weigel, Darmstadt, Arndtstr. 35 Germany

2) Wer hat Lust mit j. deutschem Mädel (Musik-studentin) Briefe zu wechseln und Ansichtskarten auszutauschen? Antworten an Liese Lange, Frankfurt/M. Friedrichstr. 9

3) Briefpartner wird von vielseitig interessiertem, 24 jährigem jungen Mann (Mediziner) mit koreanisch Medizinstudenten gesucht. (Austausch von Aufsätzen u. Büchern, auch Briefmarken u. Bilderpostkarten erwünscht. Angebote unter W. M. 206 Abenzeitung Köln, Germany

Antwort zu 1)

Seoul, den. ···

Sehr geehrter Herr Weigel!

In der letzten Aprilnummer der··· Zeitung las ich Ihre Anzeige. Ich habe bereits mehrere Briefpartner in verschiedenen Ländern. (Da würde es mir eine ganz besondere

1. 광 고

Ⅳ. 펜·프랜드

1) 광 고

1) 학생 22세, 한국의 동년배의 학생과 여러가지 것에 관하여 편지를 주고 받았으며, 특히 예술, 건축, 문학에 흥미가 있음. 독일, 다름슈타트·아른트가 35, 프리츠·바이겔 앞으로 편지바람.

2) 독일 처녀(음악 전공여자학생)과 편지, 그림엽서 등을 교환할 사람을 구함. 마인하반 프랑크프르트, 프리드리히가 9 답장바람 리제·랑게 앞으로

3) 다방면에 흥미를 가진 24세의 청년(의학생) 한국의 학부학생과의 편지교환을 바람. 논문서적, 우표, 그림엽서 등의 교환을 희망함 신청 독일, 케룬, 석간지 W. M. 앞으로.

1에 대한 답장)

서울, …

존경하는 바이겔형!
신문 4월의 최신호에서 귀형의 광고를 읽었습니다. 나는 이제 여러 나라에 수명의 펜·프렌드를 가지고 있습니다. 더욱이 독일의 동년배의 학생과도 편지 교환을 할 수가 있었으면 다시없는 기쁨이 겠습니

Freude sein, auch mit einem gleichaltrigen Studenten in Deutschland Briefe zu wechseln.) Im letzten April habe ich mein viertes Studienjahr (Philosophie) an der Staatlichen Universität in Seoul begonnen. Besonders freut es mich, daß auch Sie sich für Architektur, Kunst und Literatur interessieren.

Ich war neulich in Kyong-ju der ehemaligen Shinra Kaiserstadt, die von dem letzten Kriege zum Glück verschont geblieben ist, und habe dort eine Ausstellung alter japanischer Malereien und Kunstgegenstände besucht. Es war ein großer Genuß. Der Katalog wird Sie vielleicht interessieren. Ich habe ihn, so gut ich kann, ins Deutsche übersetzt und mit gleicher Post als Drucksache an Sie abgeschickt. Einige Bilderpostkarten mit berühmten Gebäuden habe ich beigelegt.

Ich hoffe, daß Ihnen meine Sendung Freude mach und daß Sie mir recht bald einmal von Ihrer Heima erzählen.

Mit vielen Grüßen
Ihr
....

Antwort zu 2)

Seoul, den. ……

Liebes Fräulein Lange!

Ich studiere zwar nicht Musik, sondern deutsche Literatur, aber ich bin sehr musikbegeistert und habe schon viele Bücher über berühmte Musiker gelesen. Weil ich die Absicht habe, in einigen Jahren, vielleicht schon im April **1960**, nach Deutschland zu reisen, um dort zu studieren, würde ich sehr

1. 광 고

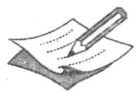

다. 나는 금년 4월 서울 국립대학의 4학년 (철학)에 진학했습니다.

　귀형께서 또 건축, 예술, 문학 등에 흥미를 갖고 있는 것은 나에게는 특히 기쁜일입니다.

　나는 일전 옛 신라의 수도 경주를 다녀왔습니다. 경주는 이번 전쟁에서 다행스럽게도 불타지 않고 그대로 남았습니다. 나는 거기에서 옛 한국의 그림과 예술품을 보았습니다. 대단히 즐겁게 여겼습니다. 그 목록은 귀형에게도 흥미가 있을 것입니다. 나는 그것을 열심히 독일어로 번역하여 「인쇄물」로 만들어 귀형에게 우송했습니다. 유명한 건축물의 그림엽서도 몇자 동봉하였습니다.

　내가 부송한 것이 귀형의 기쁨이 될 수 있도록, 또 귀형이 곧 귀국하여 이야기해 줄 수 있도록 기원합니다.

　　　　　　　　　　　　　　　　　　　　　　　안녕히

2에 대한 답장)

　　　　　　　　　　　　　　　　　　　　　서울, …

　친애하는 랑게양!

　나는 음악을 공부하고 있는 것이 아니라 독일문학을 공부하고 있습니다만 아주 음악을 좋아하며 유명한 음악가에 관한 책을 많이 읽었습니다. 2·3년후에는 어쩌면 1960년의 4월에는 이미 독일에 유학할 예정이므로 당신과 편지교환을 할 수 있게 된다면 대단히 기쁘게 생각합니다. 나는 21세로 오빠가 한명 있는데 그는 미국에서 영화기술

gerne mit Ihnen Briefe wechseln. Ich bin 21 Jahre alt und habe einen Bruder, der in Amerika als Filmtechniker arbeitet. Mein Vater war Architekt, er ist im Krieg gefallen. Ich wohne mit meiner Mutter bei meinen Großeltern.

Auf den beiliegenden Ansichtskarten können Sie die modernen Großbauten Seouls und einige typische Koreanische Tempel sehen. Damit Sie auch wissen, wie ich selbst aussehe, habe ich ein Foto, das im letzten Herbst aufgenommen wurde, beigefügt.

Mit der Hoffnung, daß ich Ihnen als Brieffreundin angenehm bin und (daß Sie mir einmal schreiben, verbleibe ich mit besten Grüßen

Ihre
Segol So

Antwort zu 3)

Seoul, den. ......

Angebot zu W. M. 206

Abendzeitung Köln Rhein, Germany

Sehr geehrter Briefpartner!

Ich hoffe, daß ich diese Anrede noch oft benutzen kann, wenn sich aus diesem Schreiben ein Briefwechsel entwickeln sollte.

Ich bin Medizinstudent an der Seoul Universität und würde mit großer Freude mit Ihnen Gedanken über unser gemeinsames Studium austauschen. Meine Lehrer sind die berühmten Professoren X und Y. Beide Herren sind jahrelang in Deutschland gewesen und haben viele Bücher über

1. 광 고

자로 근무하고 있습니다. 부친은 건축가였으나 전사했습니다. 나는 모친과 함께 조부모 슬하에서 생활하고 있습니다.

동봉한 그림엽서로 서울의 근대적인 대 건축과 한국의 몇개의 대표적인 사원을 보실 수가 있습니다. 또 내가 어떠한 얼굴을 가지고 있는지를 보실 수 있도록 작년 가을에 찍은 사진을 한장 동봉했습니다.

펜·프랜드로서 당신이 호감을 가져 주시기를 그리고 언젠가 당신에게서 답장을 받을 수 있게 되기를 기원하면서

그럼 이만 줄입니다.

　　　　　　　　　　　　　　　　　　당신의
　　　　　　　　　　　　　　　　　　서 세 걸

3에 대한 답장)

　　　　　　　　　　　　　　　　서울, …

　　　　　　　독일 라이하반 케룬시 석간지
　　　　　　　　　　206 W. M에의 신청

존경하는 펜·프랜드 귀하!

이 편지로부터 다행스럽게도 편지 왕래가 이룩될 수 있다면 이 호소가 앞으로도 자주 이용되기를 기원합니다.

나는 서울대학의 의학도입니다. 우리들의 공통된 연구에 대하여 당신과 생각을 교환할 수 있다면 대단히 기쁘게 생각합니다. 나의 선생은 유명한 X교수, Y교수 입니다. 두명의 선생 다같이 수년간 독일에 유학하여 암과 그 치료에 관한 많은 책을 저술하였습니다. 나 자신이 병의 분야에 특히 흥미가 있어 최근 작은 논문을 썼으므로 그것을 동봉하여 우송합니다. 유감스럽게도 나의 독일어는 그다지 신통치 못합

Krebskrankheiten und ihre Bekämpfung geschrieben. Ich selbst bin in diesem Krankheitszweig besonders interessiert und habe neulich eine kleine Abhandlung verfaßt, die ich Ihnen anbei zusende. Leider ist mein Deutsch nicht sehr gut, Englisch kann ich besser. Vielleicht ist Ihnen bekannt, daß wir hier an unseren Hochschulen wenig Praxis im Umgangsdeutsch haben, sondern in der Hauptsache lesen und übersetzen lernen. Wenn Sie trotzdem bereit wären, mit mir in Briefwechsel zu treten, würde das mir nicht nur ein Vergnügen, sondern auch eine große Hilfe für mein Studium sein.

 Ich habe einige neue Briefmarken, die anläßlich des⋯ Jahrestages herausgegeben wurden, auf den Umschlag geklebt. Mit Spannung erwarte ich Ihren Antwortbrief. Inzwischen verbleibe ich mit den besten Grüßen.

              Ihr
             Segol So

니다. 영어쪽이 더 낳습니다. 아마 아시고 계실것으로 생각합니다만 한국의 대학에서는 일상어의 공부는 거의 하지 않고, 주로 읽고 번역하는 것뿐입니다. 그럼에도 불구하고 당신이 나와 문통을 해 주신다면 그것은 나의 기쁨일뿐 더러 나의 공부에 있어서도 크나큰 도움이 될 것입니다.

2, 3매 새 우표를 봉투에 붙였습니다. …기념일에 발행된 것입니다.

마음을 설레이면서 당신의 답장을 기다리고 있습니다.

그럼 안녕히

서 세 걸

V. 상용서간

1. 상업문의 쓰는법

상업 편지의 수신인명에는 정확한 회사명을 사용합니다. Sehr geehrte Herren ! 이라고 부르는 것은 특수한 경우뿐입니다. 서명은 대개의 경우 Hochachtungsvoll만으로 충분합니다.

* * *

인쇄된 상용 편지지에는 각각의 장소에 적응하는 기호를 기입하도록 되어 있습니다. 예를들면 다음과 같이

Ihre Zeichen : ┌─ 귀사의 기호 ─┐
Best, Nr. 307 └─ Best, Nr. 307 ─┘

Ihre Nachricht vom : ┌─ 1959년 3월 12일 부 ─┐
12 März 1959 └─ 귀서한 ─┘

Unsere Zeichen : ┌─ 폐사의 기호 ─┐ Betreff : Bestellungsnahme
R. 859 └─ R, 859 ─┘ 수주의 건에 관하여

* * *

매매계약은 다음의 일곱까지 순서에 의합니다.
 1) 문의 (조회)
 2) 제공 (견본 기타의)
 3) 주문
 4) 수주
 5) 인도안내 (감정서)
 6) 지불
 7) 인수증 (영수증)

독·일·어·편·지·쓰·는·법

1) Briefanfänge für **Anfragen**:

Ich bitte Sie, mir baldigst Ihren neuesten Katalog zu senden.

Ein Geschäftsfreund machte mich auf Ihre Firma aufmerksam. Wollen Sie mir, bitte, Ihre Preisliste schicken.

Wir benötigen sofort eine größere Menge ···, bitte machen Sie uns ein Angebot.

2) Briefanfänge für **Angebote**:

Auf Ihre Anfrage bieten wir Ihnen unverbindlich* an ···

Wir kommen Ihrem Wunsche nach und senden Ihnen mit gleicher Post unsere neueste Preisliste und Musterkataloge.

Unser großes Lager ermöglicht es uns, Ihnen anzubieten ··· Die angegebenen Preise gelten ab Lager/frei Haus u. s. w.

3) Briefanfänge für **die Bestellung**:

Wir danken für Ihr Angebot und bitten Sie, sofort zu liefern ···

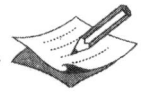

1) 조회문의 첫 시작(서두)

귀사의 새로운 카달로그 1부 급송 부탁합니다.

거래처에서 귀사를 소개 받았습니다. 가격표 1부 부디 부송해 주시기 부탁합니다.

다량의 …이 급히 필요하게 되었습니다. 아무쪼록 시간에 맞게 충족시켜 주시기 바랍니다.

2) 제공요청에 대한 답서의 첫 시작(서두)

문의에 대한 참고로 …을 부송합니다.
☞ unverbindlich는 의무를 지지 않는다는 뜻

희망에 따라 동시편에 폐사의 최신 가격표와 견본목록을 부송하였습니다.

폐사에는 대량의 스톡이 있으므로 귀사에 …을 제공할 수가 있습니다. 가격표는 공장도 가격으로 되어 있습니다.

3) 주문문의 첫 시작(서두)

귀사의 제공에 감사합니다. 지금 …을 부송해 주시기를 부탁합니다.

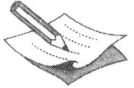

V. 상용서간

🐟 🐟 🐟 🐟

Auf Grund Ihrer Preisliste Nr ··· bestellen wir ···

🐟 🐟 🐟 🐟

Ich bestelle auf Empfehlung eines Geschäfts-freundes zur Probe ··· Wenn mich die Ware zufriedenstellt, können Sie mit einer größeren Bestellung rechnen.

🐟 🐟 🐟 🐟

4) Briefanfänge für **die Bestellungsannahme**:

Ich danke Ihnen sehr für den erteilten Auftrag ······

🐟 🐟 🐟 🐟

Wir bestätigen mit Dank den Eingang Ihrer Bestellung ······

🐟 🐟 🐟 🐟

Ich danke Innen für Ihren Auftrag, den ich sofort ausführen werde.

🐟 🐟 🐟 🐟

5) Briefanfänge für **die Lieferanzeige (Rechnug)**:

Ich lieferte Ihnen auf Grund Ihrer Bestellung ······

🐟 🐟 🐟 🐟

Wir schickten Ihnen heute als Expressgut ······

🐟 🐟 🐟 🐟

귀사의 가격표에 준거하여 넘버 …을 주문합니다.

거래처의 소개로 시험삼아 …을 주문합니다. 물품이 만족스러우면 다시 대량 주문을 할 예정입니다.

4) 수주문에 대한 답서의 서두

주문해 주셔서 감사합니다.

주문서 틀림없이 받았습니다. 충심으로 감사말씀 드립니다.

주문해 주셔서 감사합니다. 즉시 수배하겠습니다.

5) 인도 안내장(계산서)의 서두

주문에 의하여 …을 인도했습니다.

오늘 급행편으로 …을 부송했습니다.

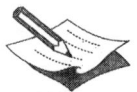

Die von Ihnen bestellten⋯ wurden heute Ihrem Wunsche gemäß mit dem Frachtdampfer "Weserstein" als Stückgut abgesandt. Wir haben uns erlaubt, Ihr Konto mit dem Betrag von ⋯ DM zu belasten.

6) Briefanfänge für **das Begleichen der Rechnung**:

Ich habe heute den Betrag von ⋯ DM auf Ihr Bankkonto Nr ⋯ /Postscheckkonto Nr ⋯ eingezahlt.

Zum Ausgleich Ihrer Rechnung haben wir heute ⋯ DM auf Ihr Bankkonto/Postscheckkonto Nr. ⋯ eingezahlt.

Ich zahlte heute durch Zahlkarte auf Ihr Post-scheckkonto Nr ⋯ DM ⋯ ein, die den Betrag Ihrer Rechnung KR 132 ausmachen.

7) Briefanfänge für **die Zahlungsbestätigung**:

Ich habe den auf mein Bankkonto Nr ⋯ eingezahlten Betrag von DM ⋯ dankend erhalten und zum Ausgleich meiner Rechnung KR 132 verbucht, Ihr Konto ist damit ausgeglichen.

　주문을 받은 … 오늘 희망대로 화물선 Weserstein호로 한개씩의 포장으로 부송했습니다. 귀하의 계산서에 …DM (독일통화) 로 받을 빛을 기입해 놓았습니다.

6) 청산(지불)서의 첫 서두

　오늘 일금 … 마르크를 귀하의 은행 구좌 … (진체구좌 Nr_1 …) 에 불입 하였습니다.

　귀하의 계산서의 지불로서 오늘 …마르크를 귀하의 은행 구좌 Nr … (진체구좌) Nr …에 불입 했습니다.

　오늘 대체예금 불입표를 가지고 귀하의 대체구좌 Nr …에 …마르크를 불입했습니다. 귀하의 계산서 KR 132의 결제로서

7) 수령증의 서두

　소생의 은행구좌 Nr …에 불입해 주신 금액 …마르크정 감사히 영수하였습니다.
KR132의 계산서의 청산으로서 장부에 기입했습니다. 귀하의 계산은 이것으로서 결재필 되었습니다.

Ich danke Ihnen für die Überweisung des Betrages von ⋯ DM, den ich Ihrem Konto gutgeschrieben habe. Ich erwarte gern Ihre weiteren Aufträge.

Hiermit bestätige ich den Eingang Ihrer Zahlung in Höhe von ⋯ DM. Es verbleibt ein Restbetrag von ⋯ DM, den ich möglichst bald zu begleichen bitte.

8) **Briefschlüsse:**

Wir bitten Sie, uns Ihre Bestellung zu erteilen. Sorgfältige Ausführung sichern wir Ihnen im voraus zu.

Hochachtungsvoll

Es würde uns freuen, wenn auch Sie zu unseren Kunden zählten. Eine Probebestellung wird Ihnen die Güte unserer Erzeugnisse bestätigen.

Hochachtungsvoll

Dieses Angebot gilt bis zum ⋯

Hochachtungsvoll

Ich überweise den Betrag unmittelbar nach Ankunft der

1. 상용서간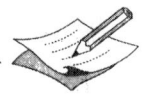

　귀 구좌에 받을 돈으로 기입해 놓았던 일금 …정의 대체를 발행해 주신데 대하여 감사합니다. 앞으로 계속해서 주문해 주시기를 부탁드립니다.

　　　　●　●　●　●

　일금 …마르크정 틀림없이 영수하였습니다. 잔액 …마르크도 될 수 있는데로 빨리 청산해 주시기를 부탁드립니다.

　　　　●　●　●　●

8) 상업 서간의 맺음
　아무쪼록 주문해 주시도록 부탁드립니다. 물품을 주의깊게 보내 드릴 것을 미리 확약해 드립니다.
　　　　　　　　　　　　　　　　　　　　　배상

　　　　●　●　●　●

　귀하가 당골 고객의 한분이 되어 주신다면 대단히 감사하겠습니다. 시험삼아 주문해 주신다면 본사 제품의 품질을 아시게 될 것이라고 생각합니다.
　　　　　　　　　　　　　　　　　　　　　배상

　　　　●　●　●　●

　이 제공(견본과 물품을 공급하는 뜻) 은 …일 까지 입니다
　　　　　　　　　　　　　　　　　　　　　배상

　　　　●　●　●　●

　착하하는데로 대금을 송금하겠습니다.

독·일·어·편·지·쓰·는·법

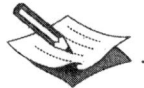

V. 상용서간

Sendung.

Hochachtungsvoll

🐟 🐟 🐟 🐟

Unsere Zahlung erfolgt sofort nach Eintreffen der Ware.

Hochachtungsvoll

🐟 🐟 🐟 🐟

Nach Eingang der Sendung wird Ihnen der Rechnungsbetrag auf Ihr Bankkonto/Postscheckkonto überwiesen.

Hochachtungsvoll

🐟 🐟 🐟 🐟

Ich werde die Sendung bis Ende dieser Woche an Sie abschicken. Sehr dankbar wäre ich, wenn Sie mir den Betrag meiner Rechnung über ··· DM auf mein Bankkonto Nr ··· überwiesen.

Hochachtungsvoll

🐟 🐟 🐟 🐟

Die Preise gelten ohne Berechnung der Verpakkung ab Station ··· Zahlung innerhalb 8 Tagen abzüglich 3% Skonto oder innerhalb 30 Tagen netto.

Hochachtungsvoll

🐟 🐟 🐟 🐟

Wir haben uns erlaubt, Ihr Konto mit dem Betrag von. ··· DM zu belasten. In der Hoffnung bald weitere Aufträge von

배상

현품 도착하는데로 즉시 대금 지불하겠습니다.

배상

화물 도착되는데로 귀하 은행구좌(진체구좌)에 불입하겠습니다.

배상

금주말까지 화물을 부송하겠습니다. 대금 …마르크정을 소생의 은행구좌 Nr…에 불입해 주시면 감사하겠습니다.

배상

가격은 포장료를 제외하고 역 지불 …입니다. 지불 방법은 1주이내는 3부할인, 1개월이내 정가(正價)로 되어 있습니다.

배상

귀하 구좌에 …마르크정을 받을 빚으로 기입해 놓겠습니다. 아무

V. 상용서간

Ihnen zu erhalten zeichnen wir

Hochachtungsvoll

❧ ❧ ❧ ❧

Ich erbitte Ihre Gutschriftsanzeige.

Hochachtungsvoll

❧ ❧ ❧ ❧

Bitte schreiben Sie meinem Konto den Betrag gut.

Hochachtungsvoll

❧ ❧ ❧ ❧

Wir erwarten Ihre weiteren Nachrichten und zeichnen

hochachtungsvoll

❧ ❧ ❧ ❧

Wir überreichen Ihnen hierfür unsere Rechnung Nr… in dreifacher Ausfertigung und zeichnen

hochachtungsvoll

2. 거래의 경과

쪼록 계속하여 주문해 주시도록 부탁합니다.

배상

◆ ◆ ◆ ◆

아무쪼록 계산서(당신이 받을 돈의 일람표)를 보내 주십시오

배상

◆ ◆ ◆ ◆

아무쪼록 그 댓가를 소생의 구좌에 받을 돈으로 써 기입해 주십시오

배상

◆ ◆ ◆ ◆

금후의 통지를 기다리고 있겠습니다.

배상

◆ ◆ ◆ ◆

폐사의 계산서 Nr…을 서류 3통 작성하여 부송했습니다.

배상

2. 거래의 경과(Geschäftsgang)
― 포도주의 주문의 예(eine Wein bestellung) ―

1) 주문(Bauer씨에게서 Graeber씨에게)
2) 주문에 답하는 답장(Graeber씨로부터 Bauer씨에게)
3) 가격표
4) 계산서
5) (포도주 발송과 동시에 보내는) 영수증 첨부된 계산서
6) 반려 포장 재료(빈병, 빈상자 따위)의 재촉
7) 엄중한 독촉

Wetzlar, den 8. Ⅱ. 1994

Fa. Peter Graeber
　　Weinbau und Weinversand
　　　　Edenkoben/Weinstr.

Sehr geehrter Herr Graeber!
　　Ich habe vor einigen Jahren einmal Wein von Ihnen bezogen, der nicht nur meiner Familie, sondern auch allen unsern Gästen in bester Erinnerung ist. Bitte schicken Sie mir wieder von derselben Sorte vom Jahrgang 1957

　　20 Flaschen Edenkobener Heide
　　20 Flaschen Edenkobener Hohl

　　Sobald Sie mir die Rechnung schikken, überweise ich den Betrag auf Ihr Postscheckkonto.
　　　　Im voraus besten Dank
　　　　　　Hochachtungsvoll

　　　　　　　Arnold Bauer
　　　　　　　Arnold Bauer

(16) Wetzlar,
　　Menckestr. 24 III

2. 거래의 경과

1) 주문의 편지

벳츠라, 1994년 2월 8일

배터·그레바상회
　　포도재배와 포도주의 발송

에덴코벤/봐인가

존경하는 그레바 귀하!
2,3년전에 한번 귀점에서 포도주를 매입했던바, 우리 가족뿐만이 아니라 손님들에게도 모두 좋은 추억으로 되어 있습니다. 아무쪼록 1957년도의 같은 종류인 것을 다시 보내 주시기 바랍니다.
　　에덴고베나·하이데 1　　20병
　　에덴고베나·호로　 2　　20병
계산서를 보내 주시면 즉시 귀하의 대체구좌에 대금을 불입하겠습니다.

미리 충심으로 감사하면서
배상
아르노르트·바우아

(16) 벳츠라
　　 메켄가 24 Ⅲ
　[주] 1. 포도주의 이름 에덴코벤의 황야지대에 재배한 포도에서 채취한 포도주란 뜻
　　　 2. 동상, Hohl은 움푹팬 땅이란 뜻 마을 주위의 지명일 것이다.

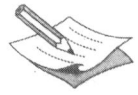

V. 상용서간

Peter Graeber, Edenkoben
an der Weinstraße

(WEINBAU UND WEINVERSAND)

Herrn
   Arnold Bauer
      (16) Wetzlar
   Menckestr. 24 III

Fernsprecher Nr. 468 Amt Edenkoben
Bankkonten:
Kreis- und Stadtsparkasse Edenkoben
Konto Nr. 763
Volksbank Edenkoben Konto Nr. 616
Postscheckkonto:
Ludwigshafen am Rhein Nr. 259 82

EDENKOBEN a. d. Weinstr.

  Sehr geehrter Herr Bauer!
  Mit bestem Dank habe ich Ihre Bestellung auf
  20 Fl. Edenkobener Heide 1957er und
  20 " Edenkobener Hohl
erhalten. Es freut mich außerordentlich, zu hören, daß Ihnen die damalige Sendung zugesagt hat. Wenn auch der 1957er dem 1953er, der ja so ganz besonders gut war, nicht ganz gleich kommt, so glaube ich doch, daß Sie auch dieses Mal zufrieden sein werden.
  Mit dem Wunsche, Sie auch weiterhin bedienen zu dürfen, übersende ich Ihnen die gewünschte Rechnung und füge meine neueste Preisliste zur gefl. Kenntnisnahme bei.
       Mit vorzüglicher Hochachtung
          Ihr ergebener
                 ....

독·일·어·편·지·쓰·는·법

2) 답 장

패터·그레바, 에덴코벤 봐인가

| 포도의 재배와 포도주의 발송 |

아르노르트·바우어 귀하!　　전화 에덴코벤국 468
　(16) 홧츠과　　　　　　　은행구좌 : 에덴코벤 군·시
　멘케가 24 Ⅲ　　　　　　저축은행구좌 763
　　　　　　　　　　　　　에덴코벤 국민은행구좌 616
　　　　　　　　　　　　　대체구좌 : 라인하반 르트븨히스
　　　　　　　　　　　　　하펜 Nr. 25982
　　　　　　　　　　　　　봐인가 에덴코벤

존경하는 바우어 귀하!
1957년도 에덴코베나·하이데　20병
1957년도 에덴코베나·호르　　20병
의 주문 감사히 받았습니다. 이전에 부송해 드린 물품이 마음에 드셨다고 하니 대단히 기쁩니다.

57년의 것은 특별이 잘 양조된 53년의 **것에는** 미치지 못합니다만 이번에도 만족하실 것이라는 확신하는 바입니다.

계속해서 거래해 주시기를 희망하면서 말씀하신 계산서를 보내며 아울러 알려드리기 위하여 최신의 가격표를 동봉하였습니다.

　　　　　　　　　　　　　　　　　　　　　　　　배상

3) 포도주상 Peter Graeber씨가 Arnold Bauer씨에게 동봉해 보낸 가격 일람표 입니다. 참고하시라고 보내드립니다.

Peter Graeber, Edenkoben
an der Weinstraße

WEINBAU UND WEINVERSAND

Fernsprecher Nr. 468 Amt Edenkoben
Bankkonten:
Kreis- u. Stadtsparkasse Edenkoben 763
Volksbank Edenkoben (Pfalz) Nr. 616
Postscheckkonto Ludwigshafen 25982

Edenkoben, März 1958

Preisliste

		Preis je Flasche	
		0,7 Ltr.	1 Ltr.
1.	1957er Edenkobener Rote Heide . . . . Rotwein	1.40	1.80
2.	1957er Edenkobener Höhe . . . . Silvaner	1.40	1.80
3.	1957er Edenkobener Heide . . . . Müller-Thurgau	1.40	1.80
4.	1957er Edenkobener Gerech . . . . Silvaner	1.50	2.–
5.	1957er Edenkobener Hohl . . . . Morio-Muskat	1.65	2.20
6.	1957er Edenkobener Burgwingert . . . . Riesling	1.80	2.40
7.			

Vorstehende Weine sind eigene Erzeugnisse. Die Preise verstehen sich ab Bahnstation Edenkoben. Lieferung für Rechnung und Gefahr des Kunden.

Der Versand erfolgt ab 16 Liter bezw. 20 0,7 Literflaschen in Verschlußkisten. Kisten und Flaschen werden leihweise überlassen und sind spätestens 3 Monate nach Lieferung vollständig und frachtfrei zurückzusenden. Fehlendes Leergut wird zum Selbstkostenpreis berechnet. Bei Bestellung kleinerer Mengen erfolgt der Versand in Kartons aus Wellpappe. Karton und Flaschen werden in Rechnung gestellt. Eine Rücknahme kann nicht erfolgen.

Zahlung innerhalb 30 Tagen ohne jeden Abzug. Bei sofortiger Kasse 2% Skonto. Erfüllungsort und Gerichtsstand ist Edenkoben.

Beanstandungen umgehend mitteilen, Lieferschein einsenden.

Mit Ihrer freundlichen Auftragserteilung bekunden Sie Ihr Einverständnis mit meinen Lieferungsbedingungen.

4) 인수증(영수증) 첨부 계산서

Peter Graeber, Edenkoben
an der Weinstraße

(WEINBAU UND WEINVERSAND)

Herrn
  Arnold Bauer
  Menckestr. 24 III
   (16) Wetzlar

Fernsprecher Nr. 468 Amt Edenkoben
Bankkonten :
Kreis- und Stadtsparkasse Edenkoben
Konto Nr. 763
Volksbank Edenkoben Konto Nr. 616
Postscheckkonto :
Ludwigshafen am Rhein Nr. 259 82

EDENKOBEN a. d. Weinstr.

den *19. Februar* 195 *9*

Rechnung Nr.

Sie empfangen durch LKW[1] / Bahn / Selbstabholung laut meinen umstehenden Lieferungsbedingungen:

Kiste(n) Steige(n)	PG Nr.	Menge	Bezeichnung des Weines	Einzelpreis	DM	Pf
1	432	20	Edenkobener Heide 1957er	1.40	28	—
1	431	20	Edenkobener Hohl 1957er	1.65	33	—
			Frachtkosten		4	10
			Wert des Leergutes		—	—
			Gesamtbetrag		65	10

QUITTUNG

über den erhaltenen Betrag von DM   *65. 10*

in Worten: DM   *fünfundsechzig und zehn Pfennige*

 Edenkoben, den   *19. Feb. 1959*

   für Peter Graeber

   Unterschrift   *Schmidt*

[주] 1. LKW=트럭

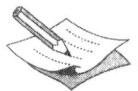

V. 상용서간

5) 계산서

Peter Graeber • Edenkoben an der Weinstraße
WEINBAU UND WEINVERSAND

Herrn Arnold Bauer

(16) Wetzlar Menckestr, 24 III

	Sie[1] empfingen auf Ihre werte Rechnung und Kiste(n) gezeichnet P. G. *431/432* enthaltend:
20 Fl.	*Edenkobener Heide*
20 Fl.	*Edenkobener Hohl*
	Frachtkosten
	Wert des Leergutes DM. 16.—

[2] Etwaige Mängel oder Beanstandungen bitte ich umgehend mitzu fortiger Kasse 2 Prozent Skont! **Leergut:** Kisten und Flaschen Lieferung vollständig und **frachtfrei** zurückzusenden. Fehlendes Erfüllungsort sowie

ANTON PETER, EDENKOBEN

2. 거래의 경과

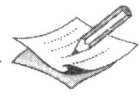

Fernsprecher Nr. 468 Edenkoben
Bankkonten:
Kreis- u. Stadtsparkasse Edenkoben Nr. 763
Volksbank Edenkoben Nr. 616
Postscheckkonto:
Ludwigshafen am Rhein Nr. 259 82

EDENKOBEN AN DER WEINSTRASSE

DEN *10. Februar 1959*

RECHNUNG NR.

Gefahr	Einzelpreis	DM	Pf
1957er	*1.40*	*28.*	—
1957er	*1.65*	*33.*	—
		4.	*10*
	Ges.- *Betrag*	*65.*	*10*

teilen. **Zahlung** innerhalb von 30 Tagen **rein netto**. Bei sowerden leihweise überlassen und sind spätestens 3 Monate nach
Leergut wird zum Selbstkostenpreis berechnet.
Gerichtsstand ist Edenkoben.

[주] 1) 귀하는 P. G. 431/432의 기호가 있는 화물 상자(복수)를 귀하의 「계산서와 위험부담하에 인수했다는」 뜻
2) 난외는 주의서 만일 파손이나 의의가 있을 경우에는 즉시 알려주기 바람. 30일이내의 지불은 정가 현금
지불의 경우는 2부할인, 빈상자, 빈병은 빌려주나 3개월후에는 완전한 형태로 반환하기 바람. 송료는 이쪽부담. 파손된 빈병, 빈상자는 원가로 계산함. 인도지 및 재판소 관할은 에덴코벤이라는 뜻이 쓰여 있음.

독·일·어·편·지·쓰·는·법

V. 상용서간

Peter Graeber, Edenkoben
an der Weinstraße

(WEINBAU UND WEINVERSAND)

Fernsprecher Nr. 468 Amt Edenkoben

EDENKOBEN a.d. Weinstr.

den 25. Mai 1994

Sehr geehrter Geschäftsfreund!

Am *19. Feb. 1959* lieferte ich Ihnen *2* Kiste(n) Wein. Laut meinen Lieferungsbedingungen werden Kisten und Flaschen leihweise überlassen, das Leergut ist spätestens drei Monate nach Erhalt des Weines frachtfrei zurückzusenden. Diese Zeit ist verstrichen.

Bitte senden Sie deshalb das Leergut:

2 Kiste(n) gezeichnet PG *431/432* mit *40* Weinflaschen umgehend, frachtfrei zurück.

Stets gerne zu Ihren Diensten.

Hochachtungsvoll

für Peter Graeber
G. Seidel

독·일·어·편·지·쓰·는·법

6) 화물포장 재료의 반환 독촉문

봐인가 에덴코벤
1994년 5월 25일

존경하는 단골 손님 귀하

1959년 2월 19일 포도주 두상자 귀하에게 납품하였습니다. 당점의 납품조건에 의거하여 상자와 병은 빌려드린 것입니다. 화물의 포장재료는 포도주 수취하신 후 늦어도 3개월후에는 운임필(당점부담)로 반송하게 되어 있습니다. 그 기한이 다 됐습니다.

그러므로 아무쪼록 빈 포장재료, 병40개들이 PG 431/432라는 표시가 있는 상자 두개를 즉시 운임필로 반송해 주십시오.

언제나 기꺼이 봉사하겠습니다.

배상
배테·그래바 상회대리
게·자이델

V. 상용서간

Peter Graeber, Edenkoben
an der Weinstraße

(WEINBAU UND VERSAND)

Telefon Nr. 327 Amt Edenkoben
(Nebenstelle)
Bankkonten:
Volksbank Edenkoben. Nr. 616
Stadtsparkasse Edenkoben 763
Postscheck Ludwigshafen 25 982

Edenkoben, den

Sehr geehrter Geschäftsfreund!

Am *19. II. 1994* lieferte ich Ihnen zwei Kisten Wein. Leider habe ich das Leergut aus dieser Sendung:

2 Kiste(n) gezeichnet PG *431–432* mit *40* Flaschen trotz Erinnerung bis heute nicht zurückerhalten.

Ich bitte Sie nun das Leergut entweder bis zum *5. 6. 195 9* frachtfrei nach hier zurückzusenden oder den Gegenwert in Höhe von *16.—* DM auf mein Postscheckkonto 25 982 Amt Ludwigshafen einzahlen zu wollen.

Bitte bringen Sie die Sache in Ordnung und ersparen Sie sich damit weitere Unannehmlichkeiten.

Hochachtungsvoll!

Peter Graeber

Leergutaufrechnung (Selbstkostenpreis)

2	Verschluß-Nagel-Kisten	*3.60*	DM
	Literflaschen à 31 Pfennig . . .		,,
40	0,7 Literflaschen à 28 Pfennig .	*11.20*	,,
40	Strohhülsen à 3 Pfennig	*1.20*	,,
			,,
	Gegenwert des Leerguts insgesamt: .	*16.—*	DM

독·일·어·편·지·쓰·는·법

7) 엄중한 독촉문

존경하는 거래처 고객님

1959년 2월19일 귀하에게 포도주 두상자를 납품했습니다. 그때의 반환 포장재료 병 40개 들이 PCT 431-432이란 기호가 들어있는 상자 두개 독촉했는데도 불구하고 아직까지 반송해 주지 않았습니다.

그 화물 포장재료를 1959년 6월5일까지 운임필(운임 이쪽부담)로 당사에 반송하시든가 16마르크에 해당하는 댓가를 루트비히스 하펜국의 소생의 대체구좌 25982에 불입해 주시도록 부탁합니다.

아무쪼록 이 문제를 해결해 주시고 앞으로 불쾌한 일이 생기지 않도록 배려해 주시기 바랍니다.

페터 · 그레바

반환 포장재료 내역(원가)			
상자(못 대금 포함)	2	3.60	DM
1개 28페니히의 0.7 릿터병	40	11.20	DM
1개 3페니히의 벼짚부대	40	1.20	DM

반환포장재료 대금 총계 16-DM

V. 상용서간

8) 업무용 편지지의 서두 (**ein typischer Briefkopf für Geschäftsbriefbogen**)

이것은 전형적인 한가지 예 Debeka의 보험에 관한 업무용 편지지.

KRANKENVERSICHERUNGSVEREIN a. G. - STERBEGELD- U. LEBENSVERSICHERUNGSVEREIN a. G.
SI Z KOBLENZ AM RHEIN

Bezirksverwaltung Wuppertal
WUPPERTAL-ELBERFELD
Höfstraße 41
Postschließfach 366 u. 378

Rufnummer
368 65/380 52

Telegramm-Anschrift
Debeka

Postscheckkonto
Essen 425 13

Bankkonto:
Städtische Sparkasse Wuppertal,
Zweigniederlassung Barmen
Nr. 19 50

Bei allen Schreiben, Anträgen und Zahlungen bitte die Verwaltungs-Nummer angeben!

VersNummer: 48 76 264

Unser Zeichen II Wa Dr. am 21.5.94
(Bitte Zeichen u. VersNummer bei allen Schreiben u. Überweisungen angeben)

Frau
Hertha Jahn

Nagoya / Japan
showa ku Yamazato cho 92

Ihr Schreiben vom 7.5.57   Ihr Zeichen

Betrifft: Ihre Krankenversicherung

Sehr geehrte Frau Jahn !

Ⅵ. 알랙산더·폰·훈보르트 재단 장학금에 대한 응모

1) 서식용지와 규칙서의 신청
2) 서류일람(견본)
3) 원서(견본)
4) 원서의 서식용지(견본)
5) 이력서(견본)
6) 추천장(견본)
7) 독일어의 능력 증명서(견본)
8) 건강증명서의 서식용지(견본)
9) 응모서류에 관계있는 편지의 예

알랙산더·폰·훈보르트 재단 장학금

응모자가 제출해야할 서류일람

a) 장학금 희망의 이유를 기재하여 첨부한 원서(3통)
b) 응모서식(3통 각각 사진 1매 첨부할 것) (성명과 주소는 로마자 및 한글로 써 주세요
c) 이력서(자필 3통 타이프라이터-복사3통)
d) 추천장 3통(원문각 1통 복사 각 2통)
e) 독일어의 능력증명서(3통)
f) 건강증명서(서식용지에 기록한 것 3통)
g) 학문적 업적 학술잡지 게재의 논문 등이 있는 경우는 그것을 기재할 것(1통)

[주] 실제로 출원을 희망하는 사람은, 경험자, 독일대사관, 영사관 등에 문의해 주십시오. 사소한 차이가 있는 경우가 있으므로.

1. Anforderung der Formulare und Bedingungen

Dr.

10-186, Shinrim-dong,

Kwanag-Ku, Seoul

Seoul, den 9. Sept. 1994

An das

Generalkonsulat der Bundesrepublik Deutschland

Seoul

P. O. Box 204 Seoul

Betrifft : Bewerbung um ein Stipendium der Alexander von Humboldt-Stiftung.

Ich möchte mich um ein Stipendium der Alexande von Humboldt-Stiftung bewerben. Darf ich um gefällige Zusendung der Bedingungen und Formular bitten?

Mit bestem Dank

hochachtungsvoll

Dr. Hyeongju So

1. 원서 등 서류의 청구

서형주(박사)
서울특별시 관악구
신림본동 10-186

서울, 1994년 9월9일

독일연방 공화국 서울
총영사관 귀중
서울 사서함 204

폰

알렉산더 · 폰 · 훈보르트 재단법인
장학금 응모에 관한 것

  나는 알렉산더 · 폰 · 훈보르트 재단법인의 장학금에 응모하고자 합니다. 송구합니다만 규칙서와 서식용지를 부송해 주시기를 부탁합니다.

배상
서형주(박사)

[주] Dr. 는 원문에서는 반드시 들어감

2. Bewerbungsschreiben

Ich möchte mir erlauben, mich um ein Stipendium der Alexander von Humboldt-Stiftung zu bewerben. Die Vorbedingungen in bezug auf Alter, Gesundheit und Sprachkenntnisse glaube ich erfüllen zu können. Es ist mein größter Wunsch, mein Studium der deutschen Sprache und Literatur in Deutschland fortsetzen zu dürfen. Aus den beiliegenden Zeugnissen und Gutachten meiner verehrten Lehrer geht hervor, daß ich mich seit 10 Jahren diesem Studium gewidmet habe, und meine ebenfalls beigefügten Arbeiten sind das Ergebnis meiner Studien. Da ich die Absicht habe, später als Lehrer des Deutschen an einer Koreanischen Universität meine Kenntnisse an junge Germanisten zu übermitteln, würde ein Studium in Deutschland für mich von größtem Nutzen sein. Ich bitte sehr um freundliche Annahme meiner Bewerbung.

                    Mit vorzüglicher Hochachtung
                          Sechang So
            a. o. Prof. an der ⋯ Universität

Seoul,
Kwanagku
Shinrimdong, 10
den 13. Okt. 1994

2. 청원서

　알랙산더·폰·훈보르트재단 장학금에 응모하고자 합니다. 연령, 건강, 어학력 등의 조건에는 적합하다고 믿고 있습니다. 독일어, 독일문학 등의 공부를 독일에서 계속할 수 있는 것은 나의 최대의 희망입니다. 동봉한 존경하는 나의 선생들의 증명서와 의견서에 의하여 명료한바와 같이 나는 이 연구에 종사한지 10년이 됩니다. 함께 동봉한 저술은 나의 연구의 성과입니다.
　장래는 한국의 대학에서 독일어의 교사로서 젊은 독일문학자(어학자)들에게 나의 지식을 전달하려는 의도를 가지고 있으므로 독일 유학이 허락된다면 대단히 뜻 깊은 일이라고 생각합니다.
　아무쪼록 나의 소원을 받아들여 주시도록 부탁합니다.
배상
…대학조교수 서세창

1994년 10월13일
서울 관악구 신림동 10번지

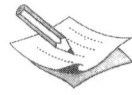

Ⅵ. 알렉산더·폰훈보르트 재단 장학금에 대한 응모

Sechang So
Kwanag-ku,
Shinrim-dong 10

Seoul, den 24, Sept. 1994

3. Bewerbung

In der Anlage erlaube ich mir, die Schriftstücke (Bewerbungsschreiben u. s. w.), die zur Bewerbung um ein Stipendium der Alexander von Humboldt-Stiftung notwendig sind, zu übersenden. Ich bitte sehr, mich bei der Wahl der Stipendiaten zu berücksichtigen. Seit Jahren ist es mein größter Wunsch, meine Studien in Biologie, insb. Embryologie, in Deutschland, dem Lande der größten Mediziner, fortzusetzen. Wie aus meinen beiliegenden Papieren hervorgeht, habe ich schon drei Jahre als Assistent des bekannten Biologen. Prof. Dr. med. X., an der··· Universität gearbeitet. Herr prof. X. riet mir, diese Bewerbung um ein Stipendium einzureichen. Meine Aufsätze über ···sind in medizinischen Zeitschriften und als Einzelhefte im Druck erschienen und haben in medizinischen Kreisen viel Beachtung und Anerkennung gefunden. Wenn es mir vergönnt wäre, in Deutschland studieren zu dürfen, würde ich in die Lage kommen, meine dort erworbenen Kenntnisse auf das nutzvollste später in Korea als Embryologe verwenden zu können.
　Ich bitte ganz ergebenst um Berücksichtigung meines Gesuches.

Hochachtungsvoll
Sechang So

서 세 창
관악구 신림동 10번지

서울, 1994년 9월24일

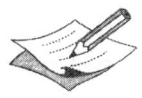

3. 청원의 편지

  알렉산더·폰·훈보르트 재단 장학금 응모에 필요한 서류(원서 기타)를 동봉하여 부송합니다. 급비생 전형에 있어서 아무쪼록 고려해 주시기 부탁합니다. 생물학의 연구 특히 태생학의 연구를 가장 위대한 의학자의 나라 독일에서 계속하고자 하는 것이 나의 최대의 소원입니다. 동봉한 서류에서 밝힌 바와 같이 나는 3년내 …대학의 저명한 생물학자 의학박사 X교수의 조수로서 연구에 종사해 왔습니다. X교수는 장학금에 응모하도록 권유해 주셨습니다. …에 관한 나의 논문의 일부는 의학잡지에 일부는 독립된 인쇄물로서 발표되어 의학계에 있어서 많은 주목과 칭찬을 받았던 것입니다. 다행히 독일 유학이 허락된다면 거기에서 습득한 지식을 후일 태생학자로서 한국에서 가장 유효하게 이용할 수가 있게 되는 셈입니다.
  아무쪼록 나의 소원을 고려해 주시도록 간절히 부탁드립니다.

4. 알랙산더·폰·훈보르트 재단 원서

(답은 모두 독일어로 또한 타이프로 써 넣어 주십시오.)
나는 여기에 1959년도 장학금에 지원합니다.

| 파스포트의 사진을 첨부 부하십시오 |

1. 성   김   2. 명   상열
3. 생년월일   1930년 12월23일 4. 태생지   서울
5. 현재의 국적 한국
6. 이전의 국적 한국
7. 가족(미혼·기혼) 기혼   자식의 수와 연령   남자 1명, 2세
8. 종교   불교도   9. 부친의 직업명 공장주
10. 주소
    서울특별시 동작구 상도1동 360의 1 Tel. 814-3266
11. 통지처
    서울특별시 동작구 상도1동 360의 1 Tel. 814-3266
12. 학력
    경기고등학교 서울 1952-1955   A (우)
    국립서울대학 서울   1955-1959 졸업 B (양)
    그외에 국립서울
    대학원에 재학함 1959-1961 학사시험
13. 전문   생물학, 태생학
    a) 독일에서는 무슨 전문을 계속할 예정입니까
        태생학
14. 현재 무슨 시험준비를 하고 있습니까?
15. 언제 그 시험을 칠 예정입니까?
16. 독일에 있어서의 당신의 영구목적
    나의 지식의 완성, 실험, 논문발표, 독일병원 실험소등의 견학
17. 독일의 어느 대학에서, 또는 연구소에서 당신의 연구를 계속할 생각입니까?
    뮌헨대학
18. 독일의 어느 학자 밑에서 공부하겠습니까?
    의학박사 X교수
19. 독일의 대학 또는 독일의 학자와 연락이 있습니까?

네, …의 X교수와 교섭이 있습니다.
20. 어학의 지식, 한국어, 영어, 독일어
21. 이전의 독일에 있어서의 체재지
　　　　　　　장소　　　　　기한
22. 직무(현재 또는 과거의 직업)
　　지위 또는 관등　　고용주의 성명과 주소
　　의학박사・조수,　　서울대학 부속병원
　　직무의 종류　　기간
　　연구, 실험　　　1962-1968
23. 직업의 목표　　대학교수
24. 학문적 업적　　…에 관한 8개의 논문 별표를 봐 주십시오.
　　(경우에 따라서는 논문의 제목, 발표의 출판사, 연여월 등을 별표에 기재해 주십시오)
25. 당신은 이전 국내 또는 국외의 장학금의 전액 또는 1부를 이미 받은 일이 있습니까? 없습니다.
　　(언제?)　　　(누구에게서?)
　　장소　서울 1994년 6월 28일
　　　　　　　　　　　　　　　자필서명 서세창

5. Lebenslauf

Ich heiße Don-Ju Ree.
Am 12. Oktober 1960 wurde ich in Yo-Su geboren.
Meine Eltern sind im Jahre 1960
umgekommen.
Mein Vater war Rechtsanwalt. Ich bin in der Familie meines Onkels aufgewachsen und von ihm adoptiert worden. Mein Onkel ist Architekt.
Die Volksschule habe ich in Yo-Su besucht, Mittelschule und Höhere Schule in Kwang-Ju. An der Universität in Seoul studierte ich 4 Jahre (1979-1983) Atomlehre und Physik. Der berühmte Professor X. war mein Lehrer. Darauf besuchte ich zwei Jahre einen Forschungskursus an der Seoul Universität und bereitete mich für meine Doktorarbeit vor. Weitere 2 Jahre arbeitete ich als Assistent unter den Herren Professoren Dr. X. und Y. Dadurch hatte ich viel Gelegenheit, meine Studien über Atomforschung zu erweitern. Meine Doktorarbeit behandelt das Thema… Die Arbeit ist mit, "ausgezeichnet" begutachtet worden. Ich möchte Atomforscher werden.

Don-Ju Ree

Seoul,
Kwanag-ku,
Shinrim-dong, 10

Seoul, den 25. September 1994

5. 이력서

나는 이 돈주 라고 합니다.
1960년 10월 12일 수원에서 태어났습니다.
나의 양친은 1966년에 사망했습니다.
부친은 변호사 였습니다. 나는 숙부의 가정에서 양육 되었으며 숙부의 양자가 되었습니다. 나의 숙부는 건축가입니다.
국민학교는 여수에서 다녔습니다. 중학교와 고등학교는 광주에서 마쳤습니다. 서울대학에서 4년간 원자론과 문리학을 배웠습니다. 저명한 X교수가 나의 선생이었습니다. 그후 2년간 서울대학 대학원에 재학하며 박사논문의 준비를 했습니다. 계속하여 2년간 X교수, Y교수 밑에서 조수로 근무했습니다. 그 때문에 원자론의 연구를 진첩시키는데 많은 혜택을 받았습니다.
나의 박사논문은 …이라는 테마를 취급하고 있습니다. 논문은 「우수」라는 판정을 받았습니다. 나는 원자 물리학자가 될 계획입니다.

이 돈 주
서울시
관악구 신림동 10번지

1994년 9월 25일 서울에서

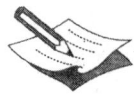

6. Lebenslauf

Ich heiße Kwang-Sik Kim. Ich bin am 19. Juni 1965 in Yo-Su geboren. Mein Vater ist Professor, er ist Leiter der Medizinischen Fakultät an der Universität in Cheonnam Die Volkschule habe ich in Kwang-Ju besucht. In Kwang-Ju habe ich die Mittelschule und die Höhere Schule besucht. Meine Schulzeugnisse waren immer gut. Im März 1990 habe ich mein vierjähriges Studium an der Staatlichen Universität Seoul beendet. Meine Fächer waren ··· Ich war Schüler von den Herren Professoren und ··· Nach einem zweijährigen Forschungskursus an der Seouler Universität schrieb ich meine Doktorarbeit über ··· Sie wurde mit dem Prädikat „sehr gut" bewertet. Ich bin unverheiratet.

Kwang-Sik Kim

Soul, Kwanag-Ku,
Shinrim-dong 10
den 3. Oktober 1994

6. 이력서

　나는 김광식이라고 합니다. 나는 1965년 6월19일 서울에서 출생하였습니다. 나의 부친은 대학교수 입니다. 그는 전남대학교의 학부장 입니다. 국민학교는 광주에서 다녔습니다. 중학교 고등학교도 서울에서 마쳤습니다. 학교의 성적은 항상「우」였습니다. 1990년 3월 국립 서울대학의 4년과정을 마쳤습니다. 나의 전문은 …이었습니다. 나는 …교수, …교수들의 지도를 받았습니다. 2년간 서울대학 대학원에 재학후 …에 관한 박사논문을 썼습니다. 논문은「수」란 판정을 받았습니다. 나는 미혼입니다.

　　　　　　　　　　　　　　　　　　　　　　　　김광식

　서울 관악구 신림동 10번지
　1994년 10월 3일

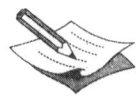

7. Lebenslauf

Mein Name ist Jae-Ku Kim. Ich wurde am 13. April 1960 in Pu-San als dritter Sohn des Fabrikbesitzers Seong-Su Kim geboren.

Die Elementar-und Mittelschule habe ich in Pu-San besucht. Von 1976 bis 1979 war ich Schüler an der Höheren Schule in Pu-San. Vier Jahre war ich Student in der Medizinischen Abteilung der Universität Seoul.

Meine Fächer waren ⋯ Ich habe die Abschlußprüfung mit „gut" bestanden. Nach einem zweijährigen Forschungskursus an der Universität Seoul schrieb ich meine Dissertation über ⋯ und promovierte im Oktober 1986. Seit 1987 arbeite ich als ⋯ unter Prof. ⋯ an der Universitätsklinik in Ich habe mehrere Aufsätze über ⋯ in Englisch, Deutsch und Koreanisch geschrieben, die in bekannten medizinischen Journalen erschienen sind.

Seit 1957 bin ich verheiratet. Unsere Ehe ist bisher kinderlos.

Jae-ku Kim

Seoul,
Kwanag-ku, Shinrimdong 10
den 17. September 1994

7. 이력서

나의 이름은 김재구 입니다. 나는 1960년 4월 14일 공장주 김성수의 3남으로 부산에서 태어났습니다.

국민학교와 중학교는 부산에서 마쳤습니다. 1976년부터 1979년까지 부산고등학교의 학생이었습니다. 4년간 서울대학 의학부에서 배웠습니다. 나의 전문은 …이었습니다. 나는 졸업시험을 「우」로 급제했습니다. 서울대학대학원에 2년간 재학후 …에 관한 졸업논문을 써서 1986년 10월에 졸업하여 학위를 얻었습니다. 1987년 이래 서울대학 부속병원에 있어서 …교수의 …으로서 연구에 종사하고 있었습니다.

나는 …에 관한 몇가지의 논문을 영어, 독일어, 한국어 등으로 썼습니다. 그것들의 논문은 저명한 의학잡지에 발표되었습니다. 1957년이후 나는 결혼하였습니다. 아직 아이는 없습니다.

김 재 구

서울 관악구 신림동 10번지
1994년 9월 17일

8. Befürwortung

Herr Don-Ju Ree ist mir seit Jahren bekannt. Ich schätze ihn nicht nur wegen seiner hervorragenden Leistungen und Kenntnisse auf dem Gebiet der Atomlehre, sondern auch wegen seines ausgezeichneten Charakters und angenehmen Wesens.

Dr. Ree war zwei Jahre lang mein Assistent. Er hat sich in dieser Zeit mein vollstes Vertrauen und große Wertschätzung erworben. Er ist tüchtig und ausnehmend beliebt bei allen Kollegen. Seine Forschungen sind beachtlich und lassen auf zukünftige wertvolle Resultate schließen.

Der Wunsch, in Deutschland unter Leitung und im Kreise von Fachgenossen studieren zu Können, ist bestimmt berechtigt.

Ich unterstütze seine Bitte auf das ernsteste.

Seoul, den 12. Oktober 1994

Se-Chang So
Prof. für Physik u. Atomlehre
Staatliche Universität, Seoul

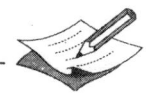

8. 추천장

   이돈주군은 수년내의 지기입니다. 원자론의 분야에 있어서 훌륭한 업적과 지식뿐만이 아니라 훌륭한 성격과 기분좋은 인품에서도 나는 그를 높이 평가하고 있습니다.
   이 박사는 2년간 나의 조수로 근무했습니다. 이 기간 그는 나의 전폭적인 신뢰와 큰 평가를 받고 있었습니다. 그는 유능하여 모든 동료들로부터 특별히 사랑을 받고 있습니다. 그의 연구는 주목을 받을 만하며 장래 귀중한 성과가 기대됩니다.
   독일에서 동료제씨의 지도를 받으며 그런 환경속에서 연구하려는 희망은 틀림없이 가망이 있는 것에 맞는 일입니다.
   나는 그의 소원을 간절하게 지지합니다.
1994년 10월 12일
서울에서

                         국립서울대학 원자문리학교수
                                  서 세 창

9. Befürwortung

Herr Dr. Jong-Su Kim ist mein Kollege an der Staatlichen Universität Seoul. Ich habe oft Gelegenheit, mit diesem tüchtigen jungen Gelehrten zusammen zu arbeiten. Er verfügt über erstaunliche Kenntnisse der neuesten Atomforschung und der angeschlossenen Fächer. Seine Arbeiten auf diesem Gebiete sind weit über dem Durchschnitt. Abhandlungen und längere Aufsätze über ⋯ sind mehrfach in den bekanntesten Fachzeitschriften erschienen. Ein Studienaufenthalt in Deutschland würde bestimmt von größtem Nutzen für den auch charakterlich einwandfreien jungen Gelehrten sein. Ich kann ihn auf das wärmste als Stipendiaten für die Alexander von Humboldt-Stiftung empfehlen.

Se-Chang So
o. Prof. an der
Staatlichen Universität Seoul

Seoul, d. 24. Juli 1994

9. 추천장

　김종수 박사는 국립서울 대학의 나의 동료입니다. 나는 이 유능한 젊은 학자와 자주 함께 연구할 기회를 가지고 있습니다. 그는 최신의 원자연구와 거기에 관련되는 부문에 관하여 경탄할만한 지식을 갖고 있습니다. 이 영역에 있어서의 그의 연구는 평균수준을 훨씬 능가하고 있습니다. …에 관한 논술이나 긴 논문은 자주 저명한 전문잡지에 공표되었습니다. 독일 유학은 성격적으로도 아주 훌륭한 이 젊은 학자에 있어서도 아주 뜻있는 일이라고 생각합니다.
　나는 충심으로 그를 알렉산더·폰·훈보르트 재단의 급비생으로 추천할 수 있습니다.

서울대학 교수
서세창

1994년 7월 24일
　서울에서

10. Gutachten über die Beherrschung der deutschen Sprache

Kwang-ju, den 24. Juli 1994

Herr Jong-In Kim, Assistent an der deutschen Abteilung der ⋯ Universität in Seoul, war vier Jahre mein Schüler in der Chunnam Universität in der Provinz Chunnam. Auch später, als Herr Kim sein Studium der deutschen Sprache und Literatur an der Staatlichen Universität Seoul fortsetzte, bin ich in enger Verbindung mit ihm geblieben. Ich habe nie einen strebsameren und tüchtigeren koreanischen Studenten des Deutschen unterrichtet. Seine Kenntnis der deutschen Literatur ist bereits jetzt beträchtlich. Herr Kim ist durchaus in der Lage, ein Gespräch auf deutsch zu führen und einer Vorlesung in deutscher Sprache zu folgen. Ich zweifele daher nicht, daß er aus einem Studienaufenthalt in Deutschland vollen Nutzen ziehen wird.

Harald Müller
Prof. für deutsche Sprache und
Literatur an der Staatlichen
Universität Chunnam

10. 독일어의 능력 증명서

　서울의 …대학 독일문학과 조수 김종인군은 전라남도의 전남대학에서 4년간 나의 제자였습니다. 그후 김군이 서울대학에서 독일어, 독일문학의 공부를 계속했던때도 친밀한 관계를 유지하고 있었습니다. 내가 가르친 독일어를 배우는 한국 학생중 그만큼 근면하고 유능한 학생은 없었습니다. 독일문학에 관한 그의 소양은 이미 오늘날에 있어서는 상당히 훌륭한 것이 되었습니다. 김군은 완전하게 독일어 회화를 할 수 있고 독일어 강의를 들을 능력이 있습니다. 그렇기 때문에 나는 그가 독일 유학을 완전하게 이용할 수 있으리라고 믿어 의심치 않습니다.

　　　　　　　　　　　　　　　　　국립전남대학교
　　　　　　　　　　　　　　　　　　동문학교수
　　　　　　　　　　　　　　　　　하라르트 · 뮤라

11. Gutachten über die Beherrschung der deutschen Sprache

Seoul, den 30. Juni 1994

Herr Seong-Su Kim ist mir seit 10 Jahren bekannt. Er war drei Jahre lang mein Schüler in der Höheren Schule in YoSu. Schon damals zeichnete sich Herr Kim durch hervorragende Sprachbegabung aus. Er war Leiter des deutschen Studentenklubs und nahm jede Gelegenheit wahr, seine Kenntnisse des Deutschen und der deutschen Literatur zu vertiefen. Auch während seiner Studentenzeit in Seoul Universität studierte er Deutsch, insb. Sprache und Grammatik. Herr Kim verfügt über ein erstaunlich reiches Vokabular und würde daher durchaus imstande sein, Vorträge und Vorlesungen in deutscher Sprache zu verstehen. Wenn er auch jetzt noch nicht in der Lage ist, eine fehlerlose Konversation zu führen, so würde ein Studienaufenthalt in Deutschland ihm dazu verhelfen und ihm bestimmt von größtem Nutzen sein.

Josef Warner
Lektor für Deutsch an der
··· in ···

11. 독일어의 능력 증명서

서울, 1994년 6월 30일

　김성수군은 10년내의 지기입니다. 그는 고등학교에서 3년간 나의 가르침을 받았습니다. 이미 당시부터 김군은 훌륭한 어학적 재능에서 걸출해 있었습니다. 그는 학생의 독일연구회의 간사로 독일어와 독일 문학의 지식을 깊게 하기 위하여 모든 기회를 이용했습니다! 또 서울대학에서의 연구시대에 있어서도 그는 독일어 특히 언어와 문법을 공부했습니다. 김군은 놀랄정도로 어휘가 풍부하므로 독일어의 강연이나 강의를 완벽하게 이해 할 수 있으리라고 생각합니다. 비록 현재로서는 완전히 오류를 범하지 않는 회화를 할 수 없다 하더라도 독일유학은 그 기운을 제공하여 그에게 아주 뜻깊은 일이 될거라고 생각합니다.

　　　　　　　　　　　　　… 대학 독일어 강사
　　　　　　　　　　　　　　요제후 · 봐르나

12. Bitte um Korrigieren einer Briefübersetzung

Seoul, den 16. September 1994

Sehr geehrter Herr Professor!

Darf ich mich mit einer Bitte an Sie wenden? Ich habe mich um ein Stipendium der Alexander von Humboldt-Stiftung beworben. Die Herren professoren ··· und ···waren so liebenswürdig, mir Empfehlungsschreiben zur Unterstützung meines Antrages zu geben. Diese Schreiben habe ich aus dem Koreanischen ins Deutsche übertragen. Würden Sie die große Freundlichkeit haben, meine Übersetzungen einmal anzusehen und evtl. zu korrigieren? Ich wäre Ihnen zu größtem Dank verbunden. Am Dienstag, nachmittags gegen 4 Uhr, möchte ich mir erlauben, zu Ihnen ins Haus zu kommen, falls ich nichts von Ihnen höre.

Mit vorzüglicher Hochachtung

Ihr ergebener

Bongsu Ree

Seoul, Kwanag-ku,
Shinrim-dong, 10
(Tel. 878-4841)

12. 편지의 번역의 정정을 부탁하는 편지

서울, 1994년 9월 16일

존경하는 선생님!

　선생님께 부탁드리로 찾아뵈어도 될까요 저는 알렉산더·폰·훈보르트 재단 장학금에 지원했습니다.

　…교수와 …교수는 친절하게도 저의 부탁을 도와주시기 위하여 추천문을 써 주셨습니다. 이것들의 추천문을 제가 한국어를 독일어로 번역했습니다. 정말로 송구스럽습니다만 저의 번역을 한번 검토해 주시지 않겠습니까. 그리고 경우에 따라서는 정정해 주셨으면 합니다.

　그렇게 해 주신다면 정말로 감사하겠습니다. 화요일 오후 4시경 지장이 없으시다면 댁으로 찾아뵐까 합니다.

배상

이봉수

서울, 관악구 신림동 10번지
(Tel. 878-4841)

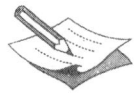

Ⅵ. 알렉산더·폰훈보르트 재단 장학금에 대한 응모

13. Bitte um Hilfe beim Ausfüllen von Formularen

        Seoul, den 4. Oktober 1994
Sehr geehrter Herr Doktor Weirich!

 Verzeihen Sie, daß ich so lange nichts von mir hören ließ Ich war in den letzten Monaten sehr beschäftigt mit den Vorbereitungen für mein Doktorexamen.

 Besonders möchte ich um Entschuldigung bitten, daß ich nach meinem langen Stillschweigen nun gleich mit einem Anliegen erscheine. Ich habe mich um ein Stipendium der Alexander von Humboldt-Stiftung beworben und die erforderlichen Formulare ausgefüllt. Einige Punkte sind mir nicht klar, und ich möchte Sie um Ihren freundlichen Rat bitten. Wann darf ich Sie einmal besuchen? Haben Sie die Güte, mir auf der beiliegenden Postkarte Bescheid zu geben. Auch telefonisch können Sie mich stets gegen Abend unter Nr. 23-5376 erreichen.

 Im voraus besten Dank für die Mühe.
Mit dem Ausdruck meiner größten Hochachtung
           verbleibe ich
           Ihr
           Bong-Su Ree

Seoul, Kwanag-ku,
Shinrim-dong, 10
Tel. 878-4841

(Anlage : eine Postkarte)

13. 서식용지에 기입하는 도움을 청하는 편지

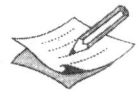

서울, 1994년 10월 4일

존경하는 독터·봐이리히 선생님!

오랫동안 소식 못드려서 죄송합니다. 이번 2, 3개월동안 졸업시험 준비때문에 바빴습니다. 오랫동안 문안도 드리지 못했으면서 갑자기 부탁말씀을 드려 정말로 송구스럽습니다. 저는 **알랙산더·폰·훈보르트** 재단 장학금에 지원하여 필요한 서류에 기입을 마쳤습니다. 그러나 2, 3의 의심스러운 점이 있으므로 부디 가르쳐 주셨으면 합니다. 언제 찾아뵈었으면 좋을까요 죄송합니다만 동봉한 엽서로 회신해 주셨으면 합니다. 또 저녁때면 언제든지 23-5376으로 전화 주시면 연락이 가능합니다.

수고를 끼쳐 드리게 되어 미리 진심으로 사과 말씀 드립니다.

             배상
             이봉수

서울, 관악구 신림동 10번지
Tel. 878-4841
(동봉, 엽서 1매)

14. Bitte um ein Gutachten über die Beherrschung der deutschen Sprache

Seoul, den 27, Oktober 1994

Hochverehrter Herr Professor!

Ich weiß nicht, ob Sie sich noch an mich erinnern. Vor sechs Jahren war ich Ihr Schüler in der Seoul Universität. Sie lasen damals eine Novelle von Thomas Mann mit uns und erzählten dabei von Ihrer Heimat und der schönen Stadt München. Ich habe Gelegenheit in München bei Herrn Prof. Dr ··· meine Studien über ··· fortzusetzen. Um die Kosten für diese Studienzeit ze decken, will ich versuchen, ein Stipendium der Alexander von Humboldt-Stiftung zu bekommen. Dazu brauche ein Gutachten über meine Beherrschung der deutschen Sprache. Darf ich Sie, hochverehrter Herr Professor, in den nächsten Tagen zu diesem Zwecke besuchen und um Ausstellung dieses Zeugnisses bitten?

Für eine zusagende Antwort wäre ich Ihnen sehr dankbar.

Ihr sehr ergebener
Bong-Su Ree

Seoul, Kwanag-ku,
Shinrim-dong, 10

14. 독일어 능력 증명서를 부탁하는 편지

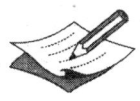

서울, 1994년 10월 27일

존경하는 선생님!

선생님께서 저를 기억하실는지 어쩐지 모르겠습니다만 저는 6년전 서울대학에서 선생님의 가르침을 받은 제자입니다. 그 당시 선생님께서는 저희들과 토머스·만의 단편을 읽어 주셨고 또 선생님의 고향과 뮌헨에 대한 것 등을 이야기 해 주셨습니다. 저에게는 지금 뮌헨의 …교수 밑에서 …에 관한 저의 연구를 계속할 기회가 찾아오려 하고 있습니다. 이 연구기간의 비용을 보충하기 위하여 저는 알렉산더·폰·훈보르트 재단장학금을 타려고 시도하고 있습니다. 그렇기 위해서는 저의 독일어의 능력 증명이 필요합니다.

선생님 이 일로 수일중으로 선생님을 방문하여 증명서를 발행해 주시도록 부탁드려도 될까요.

허락의 답장을 받을 수 있다면 얼마나 행복할까요

배상

이봉수

서울, 관악구 신림동 10번지

15. Einreichen der Bewerbung

Seoul, den 24. Juli 1994

An das

Generalkonsulat der Bundesrepublik Deutschland

Seoul

P. O. Box 204 Seoul

Betrifft : Bewerbung um ein Stipendium der Alexander von Humboldt-Stiftung.

In der Anlage übersende ich die ausgefüllten Formulare, Bewerbungsschreiben, Gutachten und Gesundheitsattest. Ich bitte ergebenst um wohlwollende Prüfung und Genehmigung meines Antrages.

Mit dem Ausdruck größter Hochachtung

Bongsu Ree

Seoul, Kwanag-ku,

Shinrim-dong 10

(Tel. 878-4841)

15. 서류제출

서울, 1994년 7월 24일

독일 연방공화국 서울
총영사관 귀중
서울 사서함 204
알랙산더 · 폰 · 훈보르트재단
장학금 응모에 관한 건

기입필인 서식용지, 원서, 증명서, 건강증명서 등을 동봉하여 부송합니다. 호의적인 시험과 신청의 채용을 충심으로 기원합니다.

배상

이봉수

서울, 관악구 신림동 10번지
(Tel. 878-4841)

 Ⅵ. 알랙산더·폰훔보르트 재단 장학금에 대한 응모

16. Bitte um Privatunterricht

Seoul, den 26, August 1994

Sehr geehrter Herr Neubert!

Herr Professor K. war so freundlich, mir Ihre Anschrift zu geben. Wie er mir sagte, geben Sie gelegentlich deutschen Privatunterricht. Ich habe bereits etwas Vorkenntnisse im Lesen. Weil ich mich für einen zweijährigen Studienaufenthalt in Deutschland vorbereiten muß, möchte ich gern zweimal wöchentlich Unterricht in deutscher Konversation nehmen. Würden Sie die Güte haben, mich als Ihren Schüler anzunehmen?

Wann darf ich einmal zur Besprechung zu Ihnen kommen? Ich werde mir erlauben, Sie am Freitag vormittag anzurufen.

In der Hoffnung auf eine zusagende Antwort

verbleibe ich,

hochachtungsvoll,

Ihr

Bongsu Ree

Seoul, Kwanag-ku,
Shinrim-dong 10

16. 개인교수를 부탁하는 편지

서울, 1994년 8월 26일

존경하는 노이베르트 선생님!

K교수에게서 선생님의 주소를 알아냈습니다. K교수의 말씀에 의하면 선생님은 가끔 독일어의 개인 교수를 하신다고 들었습니다. 저는 독서에는 약간의 예비지식을 갖고 있습니다. 2년간의 독일 유학 준비를 하지 않으면 안되므로 주2회 독일어의 회화를 꼭 배우고 싶습니다. 아무쪼록 입문시켜 주셨으면 합니다.

언제 그일로 선생님을 방문하면 좋을까요. 금요일 오전 전화로 인사들일까 합니다.

승낙하는 대답을 기대하면서
배상
이봉수

서울, 관악구 신림동 10번지

17. Dank für Hilfe

Seoul, den 23, Dezember 1994

Sehr geehrter Herr Doktor Haffner!

Ich möchte Ihnen hiermit noch einmal recht herzlich danken, daß Sie mir, trotz Ihrer knappen Zeit, so außerordentlich freundlich durch Korrigieren meiner Briefe und mit guten Ratschlägen geholfen haben. Wenn ich mit meinem Gesuch Erfolg habe, so verdanke ich das zum größten Teil Ihrer Mühe und Liebenswürdigkeit.

Ich werde mir gestatten, Ihnen von dem Resultat Kenntnis zu geben.

Ihr dankbar ergebener

Bongsu Ree

Seoul, Kwanagku,

Shinrimdong 10

17. 협력에 대한 감사 편지

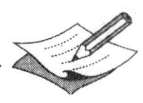

서울, 1994년 12월 23일

존경하는 하프너 박사님!

다망하신 중에도 불구하시고 각별히 친절하게도 저의 편지를 정정해 주셨고 또 유익한 조언으로 도와 주신데 대하여 다시 충심으로 감사드립니다. 저의 신청이 성공한다면 그것은 오로지 선생님의 노력과 친절의 덕택입니다.

결과를 알게되면 알려 드리겠습니다.

배상
이봉수

서울, 관악구 신림동 10번지

Ⅵ. 알랙산더·폰훈보르트 재단 장학금에 대한 응모

18. Bitte um Einführung in die deutschen Sitten

Seoul, den 15, Juni 1994

Sehr geehrter Frau Helm!

Im Juli dieses Jahres werde ich mit dem deustchen Schiff „Frankfurt" nach Deutschland fahren. Ich habe die Absicht, zwei Jahre an deutschen Universitäten zu studieren. Es ist mir gelungen, ein Stipendium der Alexander von Humboldt-Stiftung zu bekommen.

Würden Sie wohl die große Güte haben, mir etwas von deutschen Sitten zu erzählen? Ich habe große Sorge, daß ich mich in Deutschland nicht richtig benehmen werde, weil unsere Koreanischen Sitten doch ganz anders als die europäischen sind.

Darf ich am nächsten Freitag (19. Juni), nachmittags gegen 5 Uhr, zu Ihnen Kommen?

Seien Sie so liebenswürdig, mir Bescheid zu geben, falls Ihnen mein Besuch nicht paßt.

Mit vorzüglicher Hochachtung
Ihr sehr ergebener

Bongsu Ree

Seoul, Kwanag-ku,
Shinrim-dong, 10
(Tel. 878-4841)

18. 독일의 풍습에 관하여 가르침을 바라는 편지

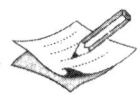

서울, 1994년 6월 15일

존경하는 해름부인!

　금년 7월 독일선박「프랑크프르트」호로 독일로 여행을 떠나게 되었습니다. 2년간 독일대학에서 공부하려고 생각하고 있습니다.　알랙산더·폰·훈보르트 재단 장학금을 타게 되었습니다.

　대단히 죄송합니다만 독일의 풍습에 관하여 이야기 해 주시지 않겠습니까 독일에 가서 실수가 있어서는 안될터인데 하고 걱정이 태산 같습니다. 어쨌든 한국의 풍습이 유럽과는 전혀 다르므로.

　돌아오는 금요일(6월 19일)의 오후 5시경 댁으로 찾아뵈어도 괜찮을까요.

　지장이 있을 경우에는 아무쪼록 통지해 주시기 바랍니다.

배상

이봉수

서울, 관악구 신림동 10번지
(Tel. 878-4841)

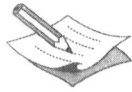

19. Bitte um Einführungen

Seoul, den 8, August 1994

Lieber, sehr verehrter Herr Lange!

Wie ich Ihnen schon erzählte, werde ich Mitte September nach Deutschland fliegen, um einige Jahre drüben zu studieren. Sie wollten so liebenswürdig sein, mir Einführungen an einige Berufskollegen zu geben. Darf ich Sie bitten, diese Schreiben bis Ende nächster Woche fertig zu stellen? Ich werde mit erlauben, sie dann bei Ihnen abzuholen und gleichzeitig meinen Abschiedsbesuch machen.

Im voraus verbindlichen Dank.

Ihr sehr ergebener

Bongsu Ree

Seoul, den 11, August 1994

Lieber, sehr geehrter Herr Kollege!

Mit bestem Dank habe ich Ihren freundlichen Brief und die gleichzeitig gesandten Einführungen an die Herren Professoren

19. 소개를 바라는 편지

서울, 1994년 8월 8일

친애하는 존경하는 랑게님!
　이미 말씀드린 바와 같이 2,3년 독일에서 공부하기 위하여 9월중순 거기에 비행기로 출발합니다. 대단히 죄송하게 생각하고 있습니다만 2,3명의 동료를 소개해 주실수 없을까요. 소개장을 내주말까지 써 주시도록 부탁드릴 수 있을까요. 만일 부탁드릴 수 있다면 댁으로 찾아 뵙고 동시에 작별의 인사를 드릴까 생각합니다.

　　　　　　　　　　　미리 충심으로 감사드리면서
　　　　　　　　　　　　　　　　배상
　　　　　　　　　　　　　　　　이봉수

서울, 1994년 8월 11일

친애하고, 존경하는 동료!
친절한 편지 및 뮌헨의 제교수에게의 소개장 감사히 받았습니다. 거기에 도착하게 되면 반드시 즉시 방문하여 당신의 안부를 전하겠습니다. 뮌헨은 전연 생소한대다가 당장 한명도 아는 분이 없으므로 친절한 도움을 받으니 정말로 감사하기 그지 없습니다. 지장이 없으시다면 거기에서 가끔 동정을 전하려고 생각합니다.

in München erhalten. Ich werde bestimmt sehr bald nach meiner Ankunft Besuche machen und Ihre Grüße bestellen. Da ich ja ganz fremd in München bin und vorläufig noch niemand kenne, bin ich Ihnen für Ihre liebenswürdige Hilfe ganz besonders verbunden. Ich werde Ihnen, wenn Sie gestatten, ab und zu Nachricht über mein Ergehen zukommen lassen.

Mit vielen Grüßen und besten Empfehlungen an Ihre verehrte Frau Gemahlin

verbleibe ich

Ihr dankbarer

Bongsu Ree

20. Mitteilung über das Ergebnis der Bewerbung

Seoul, den 12, Juni 1994

Lieber, sehr verehrter Herr Doktor Haffner !

Mit größter Freude teile ich Ihnen heute mit, daß ich zu den glücklichen Stipendiaten der Alexander von Humboldt-Stiftung gehöre. Gestern habe ich durch das Deutsche Generalkonsulat in Seoul die Mitteilung bekommen, daß mein Gesuch

부인에게도 부디 안부전해 주십시오.

　　　　　　　　　　　　　　　　　배상
　　　　　　　　　　　　　　　　　이봉수

20. 지원(응모)의 결과를 알리는 편지

　　　　　　　　　　　　　　서울, 1994년 6월 12일
친애하는 존경하는 독터·하프너님!
알랙산더·폰·훈보르트재단의 행운의 급비생의 한명이 된 것을 최대의 기쁨을 갖고 오늘 귀하에게 알려 드립니다. 어제 서울의 총영사관에서 나의 신청이 허가 되었다는 통지를 받았습니다. 나는 이미 여행의 가능성에 관하여 조회를 했습니다. 아마도 독일선박 「함브르

genehmigt worden ist. Ich habe mich bereits nach den Reisemöglichkeiten erkundigt und werde voraussichtlich mit dem deutschen Schiff "Hamburg" fahren. Sobald ich Genaueres weiß, werde ich Sie besuchen und meinen Dank noch einmal persönlich wiederholen.

　　　　Vorläufig verbleibe ich mit den besten Grüßen

　　　　　　　　　Ihr

　　　　　　　stets ergebener

　　　　　　　　　　　　　　Bongsu Ree

　　　　　　Seoul, den 12, Juni 1994

Sehr verehrter Herr Doktor Haffner !

　Haben Sie noch einmal besten Dank für alle Mühe, die Sie sich meinetwegen gemacht haben.

　Leider habe ich eine abschlägige Antwort bekommen. Gestern habe ich eine Mitteilung vom Deutschen Generalkonsulat in Kobe erhalten, daß ich meinen Antrag im nächsten Jahre wiederholen soll. Ob ich das tue, weiß ich jetzt noch nicht. Ich bin, wie Sie sich denken können, sehr

20. 지원의 결과를 알리는 편지

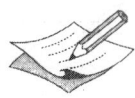

크」호로 가게될 것이라고 생각합니다. 명확한 것이 판명되는데로 즉시 방문하여 다시한번 친히 감사인사를 드리려고 생각하고 있습니다.

우선 인사드립니다.

배상

이봉수

　　　　　　　　　　　　　　　　　　서울, 1994년 6월 12일

친애하는 독터·하프너님!

　저를 위하여 각별한 노력을 해 주신데 대하여 여기에 거듭 충심으로 감사말씀 드립니다.

　유감스럽지만 거절의 회답을 받았습니다. 어제 서울총영사관에서 신청을 내년에 되풀이하여 내달라는 통지를 받았습니다.

　내년에 다시 낼 것인가 아닌가는 현재로서는 저도 모르겠습니다.

enttäuscht.

Mit der Bitte, mir auch weiterhin zu helfen, und mit ergebenen Grüßen

                                        verbleibe ich

                                                Ihr dankbarer

                                                Bongsu Ree

20. 지원의 결과를 알리는 편지

아시는바와 같이 지금은 몹시 낙담하고 있으므로
앞으로도 아무쪼록 도와 주시도록 충심으로 감사하면서
         당신에게
          감사하는
           이봉수

가장 많이 쓰여지는 생략기호
(Die gebräuchlichsten Abkürzungen)

a. a. O.	=an angeführten Ort	상술한 장소에서
a. d.	=an der	
ADAC	=Allgemeiner Deutscher Automobil-Club	전 독일 자동차 클럽
A. G.	=Aktiengesellschaft	주식회사
ASTA	=Allgemeiner Studenten Ausschuß	전 학생 위원회
ausschl.	=ausschließlich	오로지, 독점적으로
BDJ	=Bund deutscher Jugend	독일 청년연맹
BdL	=Bank deutscher Länder	독일 주은행
bez.	=dezahlt	지불이 끝난
BGB.	=Bürgerliches Gesetzbuch	민법 (법전)
btto	=brutto	일체의 비용을 포함하여
bzw	=beziehungsweise	각각의 경우에 따라서
ca.	=cirka	대략
cbm	=Kubikmeter	입방미터
cif	=cost, insurance, freight (frei von Kosten für Verladung, Versicherung u. Fracht)	적화료, 보험료, 운임 등이 불필요한
cm	=Zentimeter	센티미터
DAG	=Deutsche Angestellten-Gewerkschaft	독일 종업원 조합
desgl.	=desgleichen	마찬가지로
d. h.	=das heißt	즉, 말하자면
d. J.	=dieses Jahres	금년의

d. J.	=der Jüngere	소(小) (부친에 대하여 젊은이를 가리킴)
d. M.	=dieses Monats	이달의
DM	=D-Mark (deutsche Mark)	독일 마르크
do.	=dito=dasselbe, ebenso	동상, 마찬가지로
d. O.	=der Obige	상술한 남자
DRP. (a)	=Deutsches Reichspatent (angemeldet)	독일국 전매 특허
Dtzd.	=Dutzend	다스 (dozen)
dz	=Doppelzentner	200파운드 (중량)
einschl.	=einschließlich	포함하여
etc.	=et cetera	등등
Fa.	=Firma	회사, 상회
ff.	=folgende Seiten	다음 쪽 이하
fob	=free on board=frei an Bord	이배의 선적도
g	=Gramm	그램 (gram)
Gew. -O	=Gewerbeordnung	영업법
gez.	=gezeichnet	기호가 있는, 서명이 있는
G. m. b. H.	=Gesellschaft mit beschränkter Haftung	유한책임회사
ha	=Hektar	(헥터) 지적의 단위
HGB	=Handelsgesetzbuch	상법 (전)
hl	=Hektoliter (100l)	100리터
i. A.	=im Auftrage	위탁에 의하여
i. V.	=in Vertretung	…을 대표하여
jun. jr.	=junior, der Jüngere	소(小), 노(老)에 대하여
K. G.	=Kommanditgesellschaft	합작회사
kg	=Kilogramm	킬로그램

독·일·어·편·지·쓰·는·법

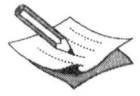

가장 많이 쓰여지는 생략기호

km	=Kilometer	킬로미터
Kominform	=Kommunistisches Informationsbüro	코민포름(공산당 정보국)
kW	=Kilowatt	킬로와트
kWh	=Kilowattstunde	킬로와트시
l	=Liter	리터
lt.	=laut	…에 의하면, …에 의하여
m	=Meter	미터
MdB	=Mitglied des Bundestages	연방의회의원
m. E.	=meines Erachtens	나의 생각에 의하면
mm	=Millimeter	밀리미터
NATO	=Organisation der Mächte des Nordatlantikpaktes (North Atlantic Treaty Organisation)	북대서양조약기구
NS	=Nachschrift	추신
ntto. , no.	=netto	정가로
NWDR.	=Nordwestdeutscher Rundfunk	북서 독일 방송
O/	=Order	주문
Pf.	=Pfennig	페니히(독일의 화폐단위 마르크의 $\frac{1}{100}$
Pfd.	=Pfund	파운드
ppa.	=per Prokura	위탁에 의하여
P. S.	=Postskriptum (Nachschrift)	추신
PS	=Pferdestärke	마력
qkm	=Quadratkilometer	평방킬로미터
qm	=Quadratmeter	평방미터

가장 많이 쓰여지는 생각 기호

s.	= siehe	보라!
S.	= Seite	쪽
sen.	= senior, der Ältere	노(老) (…소〈小〉에 대하여)
Stck.	= Stück	개(個)
Std.	= Stunde	시간
StGB	= Strafgesetzbuch	형법 (전서)
s. Zt.	= seinerzeit	당시
t	= Tonne	톤(양)
Ta.	= Tara, Leergewicht, Verpackung	저울로 물건을 달때 쓰는 속알맹이가 없는 겉포장 주머니 (외관)
u. a.	= und andere, unter andern	기타: 그중에서도, 특히
UKW	= Ultrakurzwelle	초단파
ult.	= ultimo = am Monatsletzten	월말에, 그믐날에
usw. (u. s. w.)	= und so weiter	등등
u. W.	= unseres Wissens	우리들이 아는 바로는
V	= Volt	볼트
Val.	= Valuta, Wert	가치, 어음시세
v. H.	= vom Hundert	100 분의
v. J.	= vorigen Jahres	지난 해의
v. M.	= vorigen Monats	지난 달의
W	= Watt	와트
z. B.	= zum Beispiel	예를 들면
z. Hd.	= zu Händen	…전교(편지 겉봉에 쓰는 글자)
ZPO.	= Zivilprozeßordnung	민사소송법
Ztr.	= Zentner	100 파운드
z. Z.	= zur Zeit	목하, 현재

독·일·어·편·지·쓰·는·법

■ 편지에서 가장 많이 쓰여지는 어휘

편지에서 가장 많이 쓰여지는 어휘

(ㄱ)

가게 das Geschäft, der Laden
가격 die Valuta, der Wert
가격표기우편 der Wertbrief
가르치다 informieren
가정통신란 die Familiennachricht Pl.
각서 (개인적인) persönliche Note
　상용서간에 개인적인 각서를 첨가하다 einem Geschäftsbrief eine p. N. geben
감정 (전문가의) das Gutachten
　감정서를 교부하다 ein G. abgeben
　의사의 감정서 das ärztliche G.
값 der Preis
　싼값 niedriger P.
　비싼값 hoher P.
개시 die Eröffnung
　개점 E. eines Ladens
　은행거래의 개시 E. eines Bankkontos
개인사무소 das Privatbüro
개인적 편지왕래 die Privatkorrespondenz
개척 die Anbahnung
　무역 (거래)의 개척 A. einer Geschäftsverbindung
거래관계 die Geschäftsverbindung
　누구와 거래가 있다 mit jm. in G. stehen
　누구와 거래를 시작하다 mit jm. treten in G.
거래소 die Börse
거래처 der Geschäftsfreund
거리 (가〈街〉) die Straße
　도시명과 번지를 알리다 S. und Hausnummer angeben
거부하다 verweigern
　편지를 받는 것을 거부하다 die Annahme eines Briefes ～
　증언을 거부하다 eine Aussage ～
결혼식의 청첩장 die Hochzeitskarte
결혼하다 heiraten
　누구와 결혼하다 jn. ～

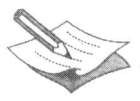

경찰 die Polizei, das Polizeiamt
경찰서 das Polizeibüro
계산서 die Faktura, die Rechnung
　계산서에서의 발췌 der Kontoauszug
　무엇을 누구의 계산서에 넣다 *jm. etw.* in R. stellen
계약 der Vertrag, der Kontrakt
　누구와 계약을 맺다 mit *jm.* einen V. schließen 계약을 맺다 (지키다, 깨다) einen Kontrakt schließen (einhalten, brechen)
　계약을 풀다(해약하다) einen Vertrag lösen
계약파기 der Kontraktbruch
계약이행지 der Erfüllungsort
고딕체의 라틴체활자 die Blockschrift
고려하다 berücksichtigen
고별 die Verabschiedung
　편지에 의한 고별 schriftliche V.
　개인적인 고별 persönliche V.
고용계약 der Dienstvertrag
고용하다 engagieren, anstellen
　누구를 고용하다 *jn.* ~
고충을 말하다 beschweren 누구에게 어떤 일에 대한 고충을 말하다 sich bei *jm.* über *etw.* ~

공사(公舍) die Dienstwohnung, die Amtswohnung
공짜로(무료로) umsonst, gratis, kostenlos
과(課) die Abteilung
과(科) die Abteilung, die Abteilung für...
과장 der Abteilungsleiter
관사 die Dienstwohnung, die Amtswohnung
관청(관공서) die Behörde
관청과의 교섭 der Verkehr mit Behörden
광고 die Reklame, die Anzeige, die Annonce
　어느것의 광고를 하다 R. machen für *etw.*
거절의 회신 die absagende Antwort
거절하다 ablehnen
거주하다 wohnhaft, seinen Wohnsitz habend
거처 der Wohnsitz
　그의 거처를 바꾸다 seinen W. verändern
　새로운 거처를 얻다 einen neuen W. nehmen
검사 die Prüfung

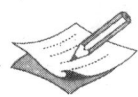

검사하다 eine P. ablegen
검사 준비를 하다 sich für eine P. vorbereiten
검사하다 prüfen, kontrollieren
검열 die Zensur
　검열에 굴복하다 der Z. unterworfen sein
경관 der Polizist, der Schutzmann
견본 das Muster
　무가격의 상품견본 „Muster ohne Wert"
견본첩 die Mustersammlung, die Kollektion
견본시 die Messe, die Mustermesse 라이프찌히의 견본시 die Leipziger Messe
견본시의 대표자 der Messevertreter
견본의 발송 die Mustersendung
견습 die Lehrjahre *pl.* die Lehrzeit; der Lehrling
　3년의 견습 eine Lehrzeit von drei Jahren
　반년의 견습 eine halbjährige Lehrzeit
　견습이 끝난후 nach Abschluß der Lehrzeit
　누구한테 견습하려가다 bei jm. in die Lehre gehen
견습증명서 das Lehrzeugnis
결산보고 der Auszug
　은행의 결산보고 der Bankauszug
　결산보고 계산표 der Kontoauszug
결혼광고 die Heiratsanzeige
결혼의 축하장 die Hochzeitskarte
결혼식 die Hochzeit
　결혼식을 축하하다 H. feiern
　결혼식을 올리다 H. halten
결혼식의 광고 die Hochzeitsanzeige
　결혼식의 광고를 신문에 내다 eine H. in die Zeitung setzen
광고하다 anzeigen
　출생을 신문으로 알리다 eine Geburt ~ 누구의일 (어떤 일을) 신문으로 알리다 jn. *(etw).* ~
광고우편 der Werbebrief
교통국 das Verkehrsamt
구분하다 abteilen
구수 (口授) das Diktat
구수하다 diktieren
　누구에게 편지를 구수하다 *jm.* einen Brief ~
구입자 der Einkäufer
구직 das Stellengesuch

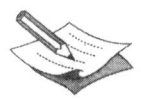

구직을 신문에 광고하다 ein S. in die Zeitung setzen
구직에 응해주다 ein S. beantworten
구체적 표현방법 sachliche Ausdrucksweise
국(局) die Abteilung
국번 die Postleitzahl Bonn hat P. 22c, Göttingen 20b.
국유치 postlagernd
국장 der Abteilungsleiter
국제전신부호 internationaler Telegrammschlüssel
규정 die Vorschrift, die Verfügung, die Bestimmung
규정을 존중하다 eine Vorschrift beachten
새로운 규정에 따라서 nach einer neuen Verfügung
그림엽서 die Ansichtspostkarte, die Ansichtskarte
근무처(직장)를 찾다 eine Stellung suchen
직장을 그만두다 eine S. aufgeben
근속축하 das Dienstjubiläum
금압(禁壓) das Verbot
금지 das Verbot

하나의 금령이 존재한다 es besteht ein V.
그것은 금지할, 도리가 없다 darüber gibt es kein Verbot
그것에는 금지의 수단이 없다 Dagegen besteht kein V.
금지된 verboten
금지된 보고 verbotene Mitteilung
그것은 금지되어 있다 das ist verboten
금혼식 Goldene Hochzeit
급사(急使) der Eilbote
기념축전 das Jubiläum
기밀(機密)의 luftdicht
공기가 통하지 않도록 포장한다 etw. luftdicht verpacken
기입하다 ausfüllen
서식(용지)에 기입한다 einen Vordruck ~
기장(記帳) 한다 buchen
기제(忌祭=年祭) das Jahresfest
기제를 축하하다 ein J. feiern

날짜 das Datum
날짜의 기입 Angabe des Ds.

납세증 der Steuerzettel
내밀한 알림 vertrauliche Mitteilung
내용 der Inhalt
　편지(발송물)의 내용 der I. eines Briefes(einer Sendung)
내용이 없는 inhaltslos
내용이 풍부한 inhaltsreich
녹음기 das Diktafon, die Diktiermaschine

답장→회답
대리 die Prokura, die Vollmacht, die Vertretung
　그는 소유자의 대리로서 왔다 er kam in V. des Besitzers
대리인 der Vertreter
대리점 die Vertretung
　그는 X상사의 대리점을 가지고 있다 er hat die Vertretung für die Firma X
대사 der Botschafter
대사관 die Botschaft
　독일대사관 die Deutsche B.
　한국대사관 die Koreanische B.
대체 die Überweisung

현금대체 die Geldüberweisung
은행대체 die Banküberweisung
우편대체 die Postüberweisung
대체환용뗌 die Postscheküberweisung
대체환 der Postscheck
대체구좌 das Postscheckkonto
대체예금불입표 die Zahlkarte
　대체예금 불입표에 기입하다 eine Z. ausfüllen
　대체예금불입표로 송금한다 Geld mit Z, schicken
도장(인장) der Stempel
　무슨밑에 도장을 찍다 einen Stempel unter *etw.* setzen(drükken)
　무엇에 도장을 찍다 *etw.* mit S. versehen
도제(徒第) der Lehrling
독촉 die Mahnung
　누구에게 독촉장을 보내다 *jm.* eine M. schicken
독촉장 der Mahnbrief
독촉하다 mahnen
돈 das Geld
　그는 돈이 많이있다 er hat viel G.
　나는 돈이없다 ich habe kein

G.
동봉의 inliegend, anbei
    anbei, inliegend,
동봉해서 beigeschlossen
동의 die Zusage
똑똑히 (명백히) deutlich
    똑똑히쓰다 deutlich schreiben
등기우편 der Einschreibebrief
등기로하다 einschreiben
    편지를 등기로 보내다 einen Brief
    ~ lassen
    화물을 등기로 보내다 ein Paket
    per Einschreiben schiken

(ㅁ)

만년필 der Füllfederhalter
매기가 있다 reflektieren
    어떤 것에 대해서 매기가 있다 auf
    etw.
면세가옥 das Freihaus
명세서 die Spezifikation, die
    Aufstellung
명함 die Visitenkarte, die Karte
    누구에게 명함을 건내주다 jm.
    eine V. überreichen
모사하다 abschreiben
    필사하다 mit der Hand ~

타자로치다 mit der Schreib-
    maschine ~
목록 der Katalog
무기입으로 unausgefüllt, blanko,
    leer
무료료 ohne Gebühr, kostenlos,
    umsonst
무료의 kostenlos, gebührenfrei
무세 die Freigebühr
무세의 steuerfrei
무우편 요금의 portofrei
문상→조의 (弔意)
문면 der Wortlaut
    편지의 문면 der W. eines
    Briefes
    정확한 문면 der genaue W.
문서 das Schriftstück
문서의 왕복 der Schriftverkehr
문서를 작성하다 formulieren
문의 die Erkundigung, die
    Nachfrage 문의하다 E. ein-
    ziehen
문자의 삽입함 die Beschriftung
    문자를 삽입하다 etw. beschriften
문체 der Stil
    그는 훌륭한 문체로 쓴다 er
    schreibt einen guten S.
물품의 공급 das Warenangebot

누구에게 물품을 공급(제공)한다 jm. ein W. machen

(ㅂ)

바치다(증정하다) widmen
그는 나에게 그의 책을 증정해주었다 er hat mir sein Buch gewidmet
반문 die Rückfrage
누구에게 반문하다 R. richten an jn.
반송하다 retournieren, zurücksenden 무엇을 누구에게 반송하다 etw. an jn. ~
받아쓰게 하다 diktieren
발송 der Versand
무엇을 발송하다 etw. zum Versand bringen
발송하는 업무용 우편물 ausgehende Geschäftspost
발송준비가 된 versandfertig
무엇의 발송 준비를 완료하다 etw. versandfertig machen
발송하다 versenden, verschicken
발췌 das Exzerpt, der Auszug
방문 die Visite, der Besuch
누구를 방문하다 bei jm. eine V. machen, jm. eine V. abstatten
배달불능의 unbestellbar
편지는 배달 불능으로 돌아왔다 der Brief kam als ~ zurück
배달료 die Zustellgebühr
소포배달료 Z. für Pakete
배달자동차 der Lieferwagen
배상요구 der Ersatzanspruch
배상요구를 승인하다 E. anerkennen
백지로 blanko, unausgefüllt
빼다(공제하다) abrechnen
누구와 대차를 빼다(청산하다) mit jm. ~
변명 die Entschuldigung
편지(개인적인)의 변명 schriftliche(persönliche) E.
변재의 기입 der Erledigungsvermerk
별도로 separat, gesondert
명세서는 별도로 보내드리겠습니다 das Verzeichnis geht gesondert an Sie ab.
보고 die Benachrichtigung, der Bericht, die Information
보고자 der Sachbearbeiter
보고하다 informieren
보관료 das Lagergeld die

Lagergebühren *pl.*
보관료가 비싸다(싸다) die L. sind hoch (niedrig)
보증 die Garantie, die Gewähr
보증하다 beglaubigen G. leisten, garantieren
보증을 해주다 G. geben
누구에게 무엇을 보증하다 *jm. etw.* garantieren
보증서 der Garantieschein
보지(報知) die Nachricht
누구에게 통신을 보내다 *jm.* Nachricht zukommen lassen
보지하다(알리다) Auskunft erteilen
보험 die Versicherung
생명보험 die Lebensversicherung
화재보험 die Feuerversicherung
보험을 걸다 versichern
누구에게 …에 대한 보험을 걸다 *jm. etw.* ~
der Versicherungs
보험증서 schein, die Police
복사 die Kopie, die Fotokopie, der Durchschlag
복사를 3장해서 mit drei Durchschlägen
무엇의 복사를 한다 eine K. machen von *etw.*

복사를 시키다 K. anfertigen lassen tigen lassen
복사용 카본지 das Kohlepapier für Durchschläge
봉급 das Gehalt
봉투 die Briefhülle, der Briefumschlag
보통봉투 gewöhnlicher Briefumschlag
봉함엽서 der Kartenbrief
부(部) 〈서적의〉 das Exemplar, das Stück
부가물 die Beilage
부록의 인쇄물 eine gedruckte B.
편지의 별지 eine schriftliche B.
부기 die Buchhaltung, die Buchung
부기를 하다 die B. führen, eine B. vornehmen
부기계 der Buchhalter
부록 „Anlagen", Beilage
부름 die Anrede
편지에서의 부름 schriftliche A.
대화때의 부름 A. im Gespräch
부족액 das Defizit, der Fehlbetrag
부족세(금) das Strafporto
분할지불 die Teilzahlung, die Rate

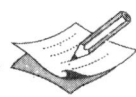

편리한 분할지불 bequeme T.
어떤 물건을 분할로 지불하다 *etw.* in Rate bezahlen
불할지불의 약속을 하다 R. vereinbaren
비난 die Beanstandung, die Beschwerde, die Reklamation
비밀 das Geheimnis
비밀문서 die Geheimschrift, die Chiffre
비밀로하다 geheimhalten
비서 der Sekretär
비용 Kosten *pl.*
 비용을 지불하다 K. bezahlen,
 비용을 부담하다 die Kosten tragen,
 일체의 비용을 포함해서 brutto, mit Verpackung
비용 die Spesen *pl.*
 비용이 아주 많이들다 die S. sind sehr hoch
비용의 분담 der Unkostenbeitrag
비용세목 die Spezifikation, die Aufstellung
비율 die Provision, die Prozente *pl.*
비친봉투 der Fensterbriefumschlag
빌다 mieten

방을 빌리다 ein Zimmer mieten

사망광고 die Todesanzeige
 사망광고를 신문에 내다 eine T. in die Zeitung setzen
사무소 das Büro
사서함 das Postfach, das Schließfach
사본 die Abschrift, die Kopie
 면허증의 사본 A. von Zeugnissen
 편지의 사본 A. von Briefen
사용(私用)편지지 der Privatbriefbogen
사원(社員) der Sozius, der Teilhaber
사절 die Absage
 사절하다 *jm.* eine A. geben
사죄하다 entschuldigen
 누구에게 사죄하다 sich bei *jm.* ~
 누구의 일을 누구에게 사죄하다 *jn.* bei *jm.* ~
사증을 받아 주게하다 ein Visum besorgen
사진 das Foto, die Photographie,

das Photo, die Fotografie, das Lichtbild
사택 die Privatwohnung
상담 die Besprechung
상사(商社) die Geschäftsfirma, die Firma
상사의 보고 die Firmenangabe
상사의 표식 die Firmenbezeichnung
상사의 간판 das Firmenschild
상업 kaufmännischer Beruf
상업등기(부) das Handelsregister
    상업등기부에 등기하다 etw. in das H. eintragen lassen
상업통신 kaufmännische Korrespondenz
상업문의왕복 kaufmännischer Schriftverkehr
상용(商用)독일어 das Kaufmannsdeutsch
상용여행자 der Handelsreisender
상용서간문 der Geschäftsbrief
상용서간용지 der Geschäftsbriefbogen
상표 das Etikett, die Aufschrift, das Warenzeichen, die Marke, die Schutzmarke
상품 der Artikel, die Ware

상품견본 die Warenprobe
상회 die Firma
새로운 작성 die Neuausfertigung
    문서의 새로운 작성 N. einer Urkunde
생년(生年) das Geburtsjahr
    생년을 알리다 das G. angeben
생략 die Abkürzung
생략한 수신인명 die Kurzanschrift
생략하다 abkürzen
생산자 가격 der Herstellerpreis
서간문범(文藝) der Briefstelle
서간지 der Briefbogen
    한겹의 서간지 einfacher B.
    오중의 서간지 doppelter B.
서간지의 두서(頭書) der Briefkopf
서류 das Dokument, das Schriftstück
서류번호 das Aktenzeichen
    서류번호를 붙이다 mit A. versehen 서류부호를 붙이다 A. angeben
서명하다 unterschreiben
    무엇에 서명하다 etw. ~ 당신은 여기에 서명해야만 합니다 Sie müssen hier ~
서명 die Unterschrift
    서명하다 eine U. leisten 무엇에

서명하다 die U. unter *etw.* setzen
서명자 der (die) Unterzeichnete, der Unterzeichner, der Unterschreibende
서식용지 das Formular
용지를 청구하다 ein F. verlangen
용지에 기입하다 ein F. ausfüllen
선불 die Vorausbezahlung
선불을 부탁합니다 wir bitten um V.
선불로 pränumerando
선불로 지불하다 ~ bezahlen
설명하다 interpretieren, erklären, auslegen
세금 die Steuer
세금을 지불하다 S. zahlen
세기(細記)하다 spezialisieren
…을 전문으로 하다 sich auf *etw.* ~
세무서 das Steueramt, da Finanzamt
세액통고 die Steuererklärun
세금의 사정 die Steuerschätzun
소개 die Einführung
소개장 der Einführungsbrief, das Empfehlungsschreiben

소매업 der Detailhandel, der Einzelhandel
소원(소망) die Bitte
누구에게 소원을 하다 eine B. an *jn.* richten
소포 das Paket, das Päckchen
소포의 꼬리표 die Paketkarte
소포(친전의 표시가 있는) Sendung mit Vermerk „eigenhändig"
속기(술) die Kurzschrift, die Stenografie, die Stenographie
속기하다 stenografieren
속기자 Stenotypistin
속기문서 das Stenogramm
속기타이피스트 die Stenotypistin
속달 „durch Eilboten" der Eilbrief
속달로 „per Eilbrief"
속달편 die Eilpost
속송화물 das Eilgut, das Expressgut
손상된 schadhaft, defekt, unvollständig
그것은 심한 손실이었다 es war ein schwerer V.
손해 der Verlust
손해는 …마르크가 되었다. der Verlust betrug … DM.
손해를 보고하다 einen V.

anmelden
손해배상 der Schadenersatz
변상하다 S. leisten
손해보상을 요구하다 S. fordern (verlangen)
손해의 공시 die Verlustanzeige
송금 die Geldsendung
나는 돈이 많이 오기를 기대하고 있다 ich erwarte eine größere G.
송달처 der Bestimmungsort, die Adresse
수송 die Beförderung, der Transport
수송하다 befördern, expedieren, abfertigen
수수료 Gebühren *pl.*
수수료가 필요치 않는 gebührenfrei
수신인 der Adressat, der Empfänger
수신인명 die Ortsangabe
수령증(영수증) die Quittung, die Empfangsbescheinigung
수령(영수)의 서식 das Quittungsformular
수업연한 die Lehrjahre *pl.*, die Lehrzeit

수요 die Nachfrage, der Bedarf
수요가 많다 die Nachfrage ist groß
전혀 수요가 없다 es besteht keine N.
수입 die Einfuhr, der Import
수입업 das Importgeschäft
수입하다 importieren
수출 die Ausfuhr, der Export
수취인 der Empfänger, der Adressat
수취증 die Empfangsbescheinigung, die Quittung
수취인지불 die Nachnahme
무엇을 대금 수취인 지불로 보내다 per N. schicken
수표(어음) der Scheck
수표를 떼다 einen S. ausstellen
누구에게 수표를 건네주다 *jm.* einen S. geben
수표로 지불하다 mit S. bezahlen
수표장 das Scheckbuch
스톡(저장) das Warenlager
풍부한 스톡 ein großes W.
승낙 die Zusage
누구에게 승낙을 하다 *jm.* eine Z. geben
승낙의 답장 zusagende Antwort

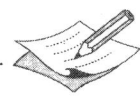

시험 das Examen, die Prüfung
시험을 치루다 ein E. ablegen
시험에 합격하다 ein E. bestehen
낙제하다 im E. durchfallen
시험관 der Examinator
시험관에 시험을 행하다 der E. nimmt ein Examen ab
신년 der Jahreswechsel, das Neujahr
신년의 축하 die Neujahrsgratulation
신뢰할 수 있는 reell, zuverlässig
신뢰할 수 있는 실업가 ein reeller Geschäftsmann
신시대의 neuzeitlich
신청 das Angebot, die Offerte, der Antrag
신청서 das Antragsformular
신청하다 einen Antrag stellen
신혼여행 die Hochzeitsreise
우리는 제주도로 신혼여행을 떠난다
wir machen eine H. nach Je-Judo

악필 das Gekritzel

악필은 읽기 힘들다 das G. ist schwer zu entziffern
안내 die Auskunft
안내소 die Informationsstelle
안내소에 문의해 보십시오 erkundigen Sie bei der I.
알리다 Auskunft geben, jn. von einen Bericht machen, den Bescheid geben, benachrichtigen
알림을 바란다 B. erbitten
누구에게 알림을 청하다 jm. um B. bitten etw. benachrichtigen
알선 die Befürwortung
어떤 점원에 대한 알선 B. eines Gesuches
알선하다 befürworten
암호 die Geheimschrift, die Chiffre
암호잉크 unsichtbare Tinte, die Geheimtinte
약혼→혼약
양 die Quantität, die Menge
양해 das Einverständnis
누구에게 어떤 일에 대한 양해를 하다 jm. sein E. zu etw. geben
편지의 (구두의) 양해 schriftliches (mündliches) E.

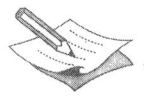

어용상인 der Lieferant
어음(수표) der Bon, der Gutschein die Honorierung, die Bezahlung, der Wechsel
어음을 떼다 einen W. ausstellen
어음을 제시하다 einen W. präsentieren
어음을 인수하다 honorieren
어떤 계산의 어음을 인수하다 eine Rechnung ~
어학의 지식 die Sprachkenntnisse
그는 어학이 능하다 er hat gute S.
어학의 소양이 있습니까? Haben Sie S.?
업무대리인 der Prokurist
업무관리자 die Geschäftsleitung
업무용카드 die Geschäftskarte
업무용서류 die Geschäftspapiere pl.
업무용우편 die Geschäftspost
여권 der Paß, der Reisepaß
여권을 발급해 받다 sich einen Paß ausstellen lassen
여권의 연기를 해받다 einen P. verlängern lassen
여비서 die Sekretärin
여점원 die Verkäuferin, das Ladenfräulein
여행 die Reise
여행하다 eine R. machen
여행을 계획하다 eine R. unternehmen
여행보고서 der Reisebericht
여행보고서를 작성하다 einen R. verfassen
여행을 보고하다 einen R. erstatten
연급(年級)(4분의 1년급) vierteljährliches Gehalt
연기(年初)고용의 계약 der Lehrvertrag
연기고용계약에서 서명하다 einen L. unterschreiben
연두(年初) der Jahresbeginn, der Jahresanfang
연문(英文) der Liebesbrief
연문을 쓴다 einen L. schreiben
연시(年始) der Jahresbeginn, der Jahresanfang
연필 der Bleistift
연필로 쓰다 mit B. schreiben
얻다(…을 얻으려고 한다) bewerben
무엇을 얻으려고 한다 sich um etw. ~
연하장 der Neujahrsbrief, die

Neujahrskarte
누구에게 연하장을 쓴다 *jm.* einen N. schreiben
누구에게 연하장을 보내다 *jm.* einen N. schicken
염가인 preiswert
　그 신청은 값이 상응하다 das Angebotist ~
　그 물건을 싸다 die Ware ist ~
열다 anbahnen
　편지 왕래의 길을 열다 einen Briefwechsel ~
엽서 die Postkarte
　보통엽서 einen gewöhnliche P.
　왕복엽서 eine P. mit Rükantwort
영사 der Konsul
영사관 das Konsulat
영사관원 der Konsulatsbeamte
영업 kaufmännischer Betrieb
영업시간 die Geschäftszeit
　영업시간은 몇시부터 몇시까지 입니까 von wann bis wann ist die G. ?
예고하다 kündigen
　누구에게 무엇을 예고하다 *jm. etw.* ~
　근무자에게 해약을 예고하다

einem Angestellten ~
　계약 파기를 예고하다 einen Vertrag ~
오류(잘못) der Fehler
　오류를 범하다 einen F. machen
　오류를 정정하다 einen F. berichtigen
완전한 vollständig
외국으로의 편지 der Fernbrief, der Auslandsbrief
외국편지 die Auslandspost
요금별납봉투 der Freiumschlag
　동봉의 요금별납 봉투를 이용한다 den beiliegenden F. benutzen
요금표 der Tarif, die Tarifordnung
용지 der Vordruck
　용지에 기입하다 einen V. ausfüllen
우편 die Post
　독일의 우편 die Bundespost
우체통 das Schließfach, das Postfach
우편물(도착한) Posteingänge *pl.*
　도착한 우편물을 처리하다 die Posteingänge erledigen 도착한 우편물을 조사하다 P. durchsehen
우편물 기입부 das Postbuch

우편물 기입부에 기재하다 in das P. eintragen
우편물의 발송 der Postausgang
우편배달부 der Briefträger, der Postbote
우편요금 Postgebühren *pl.*
우편세(금) das Porto
우편세 전납의 frei, franko
우편세 미납의 unfrankiert
우편환 die Postanweisung
　100마르크의 우편환을 떼다 eine P. über 100 DM ausstellen
우편소포 das Postpaket
우표 die Briefmarke
　우표를 붙이다 freimachen, frankieren
　편지에 우표를 붙이다 einen Brief ~
우체국 das Postamt, die Post
　무엇을 우체국으로 가져가다 *etw.* zur P. bringen
우체국의 창구 der Postschalter
우체국의 용지 der Postvordruck
우체통 der Kasten, der Briefkasten
운동(…을 얻으려고 하는) die Bewerbung
　편지을 통한 운동 schriftlicher B.
　개인적인 운동 persönliche B.
운송 die Beförderung, der Transport
운송업자 der Spediteur
운송장 der Frachtbrief
운송회사 die Speditionsfirma
운송하다 expedieren, abfertigen, befördern
원고 das Manuskript
원문 die Urschrift, das Original, der Text
　무엇을 원문 그대로 제공하다 *etw. jm.* im Original vorlegen
원서 das Antragsformular
원하다 bitten *jn.* um etw.
월급 monatliches Gehalt
월말에 ultimo, am letzten des Monats
월부 die Monatsrate
위임을 줌 die Vollmachterteilung
위임하다 überweisen
　누구에게 어떤 일을 위임하다 *jm. etw.* ~
　누구에게 대체를 떼다 *jm.* Geld ~
위탁 die Vollmacht, die Prokura
　누구에게 위탁하다 *jm.* V. geben (erteilen)

독·일·어·편·지·쓰·는·법

그는 위탁을 받고 있다 er hat V.
유가증권 Effekten *pl.*, Wertpapiere *pl.*
유통하다 zirkulieren, umlaufen
무엇을 유통시키다 *etw.* ~ lassen
은행 die Bank
은행구좌 das Bankkonto
은행의 잡비 die Bankspesen *pl.*
은행예금 das Bankguthaben
은혼식 Silberne Hochzeit
은혼식을 축하하다 die S. H. feiern
응모의 권리가 있다 zeichnungsberechtigt
그는 응모(주식 따위의)의 권리가 있다 er ist zu etw. ~
의논 die Besprechung
누구와 의논을 추진하다(청하다) *jn.* zu einer B. auffordern (bitten)
의례적인 편지 der Höflichkeitsbrief
의뢰 die Bitte
취직의뢰 die Bitte um Anstellung
기부의 의뢰 die Bitte um Beihilfe
소개의 의뢰 die Bitte um Vorstellung

대부의 의뢰 die Bitte um ein Darlehn
조회의 의뢰 die Bitte um Auskunft
입문의 의뢰 die Bitte um Einführung
추천의 의뢰 die Bitte um Empfehlung
(…에) 의해서 per, für
이의 die Beanstandung, die Beschwerde, die Reklamation
이의를 신청하다 reklamieren beanstanden
이전신고 abmelden
경찰에 안전신고를 하다 sich bei der Polizei ~
이내의 innerhalb
이력서 der Lebenslauf
이력서를 쓰다 einen L. schreiben
이력서를 첨부하다 einen L. beilegen der Transport
이월 der Übertrag
이표(쿠폰) der Coupon, Zinsschein
이익의 배당 der Gewinnanteil, die Tantieme, die Provision, die Prozente *pl.*
인세 die Tantieme, der

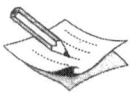

Gewinnanteil
인도기일 der Liefertermin
인도기간 die Lieferzeit, die Lieferfrist
2개월의 인도기간 eine L. von zwei Monaten
인도증 der Lieferschein
인도하다 liefern
배달하다 ins Haus ~
인쇄물 die Drucksache
인하하다 herabsetzen, reduzieren
가격을 인하다 den Preis ~
가격이 인하되어 있다 der Preis ist reduziert
잃어버린(분실된) verlorengegangen
편지 der Brief ist ~
임대계약 der Mietsvertrag
임대계약을 맺다 einen, M. abschließen
임대계약의 해약을 예고하다 einen M. Kündigen
임대료 die Miete
다달의 임대료는 …으로 오른다 die monatliche M. beträgt…
입수하다(손에넣다) besorgen
종이를 손에 넣다 Papiere ~
패스를 손에 넣다 einen Paß ~

입장스탬프 der Eingangsstempel
입장 스탬프를 찍다 etw. mit einem E. versehen
잉크 die Tinte
잉크로 쓰다 mit Tinte schreiben

자필로 쓰다 handgeschrieben
이력서는 자필로 써야만 한다 der Lebenslauf muß ~ sein
자필로 쓴 handschriftlich
자필의 handgeschrieben
적법인사차 내방: U. A. z. n. Um Abschied zu nehmen
장(章) der Abschnitt, der Paragraf
새로운 장(절) ein neuer A.
장거리 전화 호출 der Fernanruf
장거리 전화국 das Fernamt
장사 kaufmännischer Betrieb
장사의 geschäftlich
장사상의 보고 eine geschäftliche Mitteilung
장소 der Ort
장소의 지시 die Ortsangabe
장학금 die Freistelle, das Stipendium, die Studienbeihilfe

급비생 Inhaber einer F.
장학금의 신청 Gesuch um eine
장학금에 응모하다 sich um ein
　S. bewerben
장학금 지원 die Studienbewerbung
재고품 das Warenlager, das
　Lager
무엇을 재고로 가지고 있다 *etw.*
　auf L. haben
재무국 das Finanzamt
자금을 내다 finanzieren
누구의 장사에 자금을 대다 *jm.*
　ein Geschäft ~
저장→스톡
전달하다 übermitteln *jm. etw.*
누구에게 무엇을 전달하다 *jm.
　etw.* ~
전문공부 das Spezialstudium
전문공부 das Spezialstudium
전문지식 die Spezialkenntnisse *pl.*
전보 die Depesche, das Telegramm, die Drahtung, das Drahtwort
전보용지 das Telegrammformular
　전보용지에 기입하다 ein T. ausfüllen
　전보를 치다 depeschieren, drahten, telegrafieren. ein Telegramm aufgeben
　누구에게 전보를 치다 *jm.* ein Telegramm schicken, *jm. etw,* drahten (telegrafieren)
전보로 telegrafisch
　전보로 알리다 ~ anmelden
　누구에게 전보를 알리다 sich bei *jm.* ~ anmelden
전보의 회답 telegrafische Antwort
　전보로 회답해 주십시오 ich bitte um t. A.
전보의 수신인명 die Drahtanschrift
전보환 telegrafische Postanweisung
전보국 das Telegrafenamt
전무 der Geschäftsleiter
전화 der Fernsprecher, das Telefon
전화번호 der Fernruf, die Telefonnummer
전화로 telefonisch
　전화로 알리다 *jm.* ~ Bescheid geben
　나는 언제나 전화로 연락이 됩니다. Sie können mich jederzeit ~ erreichen
절도보험 die Einbruchsversicherung

점원 der Verkäufer
정가표 der Tarif
제공 die Offerte, das Angebot
　누구에게 제공(신청)을 하다 jm. eine O. (ein A.) machen
제공하다 anbieten, offerieren
　상품을 제공하다 Waren ~
정량품(최고품) die Qualitätsware, die erstklassige Ware
정미(正味)로 netto, ohne Verpakkung
정보를 수집하다 Auskunft einholen
정정 die Berichtigung
정정하다 berichtigen
　잘못(틀린곳)을 정정하다 einen Fehler ~
제조인 der Hersteller
제조하다 herstellen, fabrizieren
조건 die Bedingung
　조건을 내놓다 ein B. machen
조서 das Protokoll
　조서를 꾸미다 das P. führen 조서를 낭독하다 ein P. verlesen
조위 die Beileidsbezeigung
조위카드 die Kondolenzkarte
　누구에게 조위카드를 보내다 jm eine K. schicken
조위의 말을 하다 kondolieren
　누구에게 불행의 조위를 말하다 jm. zu einem Trauerfall ~
조위편지 der Kondolenzbrief, der Beileidsbrief
　누구에게 조위편지를 쓰다 einen Kondolenzbrief schreiben
조위의 표명 die Beileidsbezeigung
조처 die Verfügung
조회 die Erkundigung, die Nachfrage, die Auskunft
조회하다 E. einziehen, um A. bitten, sich erkundigen
　누구에 대해 누구에게 조회하다 sich bei jm. über jn. ~
　어떤 일을 묻다 sich nach etw. ~
　무슨일에 대해서 조회하다 sich bei über etw. ~
　어느 사람에 대해 조회하다 sich über jn. ~
종두 die Impfung
종두증명서 der Impfschein
종이의 치수 das Papierform
주문 der Auftrag, die Bestellung, die Order
　누구에게 주문하다 jm. einen A. geben, jm. einen A. erteilen
　주문을 받다 einen A. bekom-

men
주문하다 bestellen, auftragen
　누구에게 무엇을 주문하다 etw. bei jm. bestellen, jm. etw. auftragen
　누구를 위해 무엇을 주문하다 etw. für jn. bestellen
주소 der Wohnort; die Adresse, die Anschrift
　나의 주소는 A이다 Anschrift meine A. ist…
주식거래 der Börsenhandel
주식시장 die Börse
주의하다 mahnen
　누구에게 어떤 일로 주의를 하게하다 jn. wegen etw. ~
　누구에게 어떤 것을 주의하다 jm. etw. ~
주주 der Sozius, der Teilhaber
주택 der Wohnsitz
중매인 der Heiratsvermittler
중매인의 구전 die Vermittlungs-gebühr, die Courtage
증권 der Gutschein, der Bon
증명 das Zeugnis, die Beglaubigung
　누구에게 좋은 증명을 해주다 jm. ein gutes Z. geben (ausstellen)

등본의 인증 B. einer Abschrift
증명서 das Attest
　의사의 증명서 das ärztliche A.
증명서의 사본 die Zeugnisabschrift
증명하다 beglaubigen
증정본 das Freiexemplar
지급전보 das Blitztelegramm
지도 die Landkarte
지명 der Ortsname, der Ortsnamen
지배인 der Geschäftsleiter
지불연기 der Zahlungsaufschub
　지불연기원 Bitte um Z.
　지불조건 die Zahlungsbedingungen pl
지불이행 die Einlösung
　어음의 지불이행 E. eines Schecks
　약속이행 E. eines Versprechens
지불지(어음의) der Erfüllungsort
지불하다 einlösen
　어음을 지불하다 einen Scheck ~
지체 die Verzögerung
　지체가 시작되었다 es ist eine V. eingetreten
직(職) die Stellung
직무상의 dienstlich, amtlich
직무상의 서간문 der Pflichtbrief

직접(으로) unmittelbar, direkt
직접 누구에게 부탁하다 sich ~ an jn. wenden
진정서(관청에 제출하는) die Eingabe an eine Behörde
질책 der Verweis
편지에 의한 질책 ein schriftlicher V.
구두에 의한 질책 ein mündlicher V.
누구를 질책하다 jm. einen V. erteilen
짐꾸리기 die Emballage
집게 die Briefklammer
집금환 der Postauftrag

차감(공제) die Abrechnung
차감잔액 계산을 하다 eine A. machen
매월의 차감 monatliche A.
차금증서 der Schuldschein
차금 증서에 서명하다 einen S. unterschreiben
창고료 das Lagergeld, Lagergebühren pl.
창고에 넣어져 있다 lagern, einlagern
짐 상자는 운송사의 창고에 넣어져 있다 die Kisten lagern bei dem Spediteur
창구 der Schalter
우체국의 창구 der Postschalter
은행창구 der Bankschalter
전보국의 창구 der Schalter im Telegrafenamt
창구계 der Schalterbeamte
창구의 집무시간 die Schalterstunden
창구의 집무시간 외에 außerhalb der S.
창구의 집무시간은 9시부터 5시까지 입니다 S. sind von 9 bis 5 Uhr
채권자 der Gläubiger, der Kreditor
채점하다 zensieren
책(서적의) das Exemplar, das Stück
처리 die Bearbeitung
도착한 우편물의 처리 B. der Posteingänge, die Erledigung der Posteingänge
원서의 처리 B. von Bewerbungen

처리필의 표시 der Bearbeitungsvermerk
철회하다 widerrufen, zurückziehen
첨물(添物) die Beilage
첨장(添狀) das Begleitschreiben
　발송에 붙인 첨장 B. zu einer Sendung
청산수표 der Verrechnungsscheck
청원 das Gesuch
　누구에게 청원하다 ein G. um *etw.* an *jn.* richten. 청원서를 내다 ein G. einreichen
청원의 편지 das Bewerbungsschreiben
초과중량 das Übergewicht
초대 die Einladung
　편지(구두・전화)의 초대 schriftliche (mündliche, telefonische) E.
초대하다 einladen
　누구를 어떤 일에 초대한다 *jn.* zu *etw.* ~
최고가격 die Preisgrenze, das Limit
추신 P. S. das Postscriptum, die Nachschrift, N. B. nota bene
취소하다 widerrufen, zurückziehen, annullieren

취직처 die Anstellung
　취직처를 찾다 eine A. suchen
　취직처가 있다 eine A. haben
취진신청 das Anstellungsgesuch
추직운동 das Anstellungsgesuch
추천 die Empfehlung, die Referenz
　누구에게 추천을 청하다 *jn.* um eine E. bitten
추천장 das Empfehlungsschreiben
추천하다 empfehlen
　누구에게 무엇을 추천하다 *jm. etw.* 누구를 누구에게 추천하다 *jn.* an *jn.* ~
추천서 die Referenz, die Empfehlung
　추천서를 제출하다 Referenzen vorlegen
축사 die Gratulation, der Glückwunsch
　누구에게 축사를 보내다 *jm.* einen G. schicken 누구에게 어떤 일의 축사를 보내다 *jm.* eine Gw. schicken
축사를 말하다 gratulieren
　누구에게 어떤 일의 축사를 하다 *jm.* zu *etw.* ~
축하를 받는 사람 der Jubilar

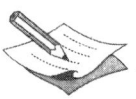

출생광고 die Geburtsanzeige
친전 „privat"

카드 die Karte
카탈로그 der Katalog
카다로그를 작성하다 katalogisieren
　무엇의 카탈로그를 만들다 etw. ~
코피 die Kopie
쿠퐁 der Coupon, der Zinsschein
크리스마스 die Weihnacht
크리스마스카드 die Weihnachts-
　karte
　누구에게 크리스마스 카드를 보내
　다 jm. eine W. schicken

통역 der Dolmetscher, der
　Übersetzer, der Interpret
타이프라이터 die Maschine, die
　Schreibmaschine
　타이프라이터을 치다 mit der S.
　schreiben; abtippen, tippen
　구수(口授)하여 타이프라이터로 치
　게하다 in die M. diktieren
　타이프라이터를 치다 auf der S.
tippen
　편지를 타이프라이터로 치다 einen
　Brief tippen.
타이프라이터의 문자 die Maschin-
　enschrift
　타이프라이터를 치다 etw. mit M.
　schreiben
타이프의 복사 die Maschinenab-
　schrift
타이피스트 das Schreibmaschinen-
　fräulein, das Tippfräulein die
　Typistin
탄생일 der Jahrestag, der Ge-
　burtstag
　탄생일을 축하하다 einen G.
　feiern
　누구의 탄생일의 축하말을하다 jm.
　zum G. gratulieren
탄생일 축하카드 die Geburtstags-
　karte
　누구에게 탄생일 축하카드를 보내
　다 jm. eine G. schicken
탄생일의 축하편지 der Geburts-
　tagsbrief
　누구에게 생일 축하 편지를 쓰다
　jm. einen G. schreiben
테이프레코더 das Diktafon, die
　Diktiermaschine

부 록

통신 der Bericht
  통신하다 einen B. einsenden
통지 die Benachrichtigung, die Information
  통지하다 anmelden
  누구의 일을 알리다 jn. ~
  누구에게 통지하다 sich bei jm. ~
특급전보 das Blitztelegramm

ㅍ

파손된 schadhaft, defekt, unvollständig
팔림새(매상) der Umsatz, der Vertrieb
  대단한 매상 großer U.
  높아진 팔림새 erhöhter U.
  적은 팔림새 geringer U.
페러그래프 der Paragraf, der Abschnitt
패스 das Paßbild, der Paß der Reisepaß, das Paßfoto
  패스를 해달라고 하다 Paßbilder machen lassen
펜대 der Federhalter
페이지 die Buchseite, das Folio
편지 der Brief
  사용(私用)의 편지 der Privatrief

편지의 본문 der Brieftext
편지의(로) schriftlich, brieflich
  편지의 보고 eine schriftliche Mitteilung 편지의 신입 das briefliche Angebot
  누구에게 편지로 알리다 sich bei jm. ~ an. melden, jm. brieflich etw. mitteilen
편지의 문체 der Briefstil
편지의 통지 schriftliche Anmeldung
편지의 말미 der Briefschluß
편지의 내용 der Briefinhalt
편지(쓰여진 종이) das Briefblatt
  수신인 주소가 없는 편지 ein B. ohne Aufschrift
  수신인 주소가 있는 편지 ein B. mit Aufschrift
편지의 거래계약 der Briefabschluß
편지의 왕래 die Korrespondenz, der Briefwechsel
  편지왕래를 시작하다 mit jm. in B. treten, mit jm. in B. stehen, korrespondieren
  누구와 편지 왕래를 하고 있다 mit jm.
평점 die Zensur
  그는 좋은 평점을 얻었다 er hat

독·일·어·편·지·쓰·는·법

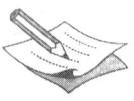

eine gute Z.
포스트 der Briefkasten
편지를 포스트에 넣다 einen Brief in den B. werfen
포장 die Verpackung, die Empackung
포장지 das Packpapier
포장을 포함한 중량 brutto mit Verpackung
표시 der Vermerk
표시를 하다 etw. mit einem V. versehen, einen V. anbringen
품질 die Qualität, die Güte

ㅎ

하사(賀飼)〈축사〉 die Gratulation
할부 die Ratenzahlung, Teilzahlung
항공우편 der Luftpostleitchtbrief, das Aerogramm
항공편 die Luftpost, der Flugpostbrief
무엇을 항공편으로 보낸다 etw. mit L. senden
항공편으로 „Mit Luftpost""
해고 die Verabschiedung
해명편지 das Entschuldigungsschreiben
해약통지 die Kündigung
해약을 통지하다 eine Kündigung einrichten
행간 der Zeilenabstand
행(行)을 바꾸어서 쓰기시작하다 einrükken, einen neuen Abschnitt anfangen
헌본(獻本) das Freiexemplar
헌사(獻辭) die Widmung
책에 헌사를 쓰다 eine W. in ein Buch schreiben
현금으로 bar
현금으로 지불하다 in bar bezahlen
현금지불 die Barzahlung
현금지불로 gegen Barzahlung
혼약(약혼) die Verlobung
누구에게 혼약의 축하를 하다 jm. zur, V. gratulieren
누구의 혼약에 무엇을 선물하다 jm. etw. zur, V. schenken
혼약광고 die Verlobungsanzeige
혼약선물 das Verlobungsgeschenk
누구에게 혼약의 선물을 하다 jm. ein V. schicken
혼약시키다 verloben
누구와 혼약하다 sich mit jm. ~

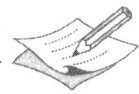

혼약식의 초대장 die Verlobungskarte
혼합송부 die Mischsendung
확인 die Bestätigung
　서장접수의 확인 B. eines Schreibens 주문의 확인 B. eines Auftrages
확인편지 der Bestätigungsbrief
확인하다 bestätigen
　편지를 받은 것을 확인하다 einen Brief ~ 화물의 발송을 확인하다 einen Sendung ~
환시세 der Kurs, der Geldkurs
환전하다 wechseln
　돈을 환전하고 싶다 ich möchte Geld ~
환전상 die Wechselstube
회담 die Besprechung
회답(답장) die Antwort
　지연된 회답 verspätete A.
　편지의 회답 schriftliche A.
　전화의 회답 telefonische A.

구두회답 mündliche A.
승락의 회답 zusagende A.
거절의 회답 ablehnende A.
회답해 드립니다 w. g = Um Antwort wird gebeten
회답의 편지 der Antwortbrief
회답하다 jm. antworten
회사의 간부 die Geschäftsleitung
회원권 die Mitgliedskarte
회장(回狀) das Rundschreiben, der Rundbrief
　회장을 돌리다 einen R. umgehen lassen
후불로 postnumerando
　후불로 지불하다 ~ bezahlen
후불수수료 die Nachnahmegebühren pl.
　후불수수료는 …이 된다 die N. betragen …
휴가를 주다 verabschieden
　누구에게 작별을 고하다 sich von jm. ~

Wie man deutsche Briefe schreibt
독일어 편지 쓰는 법

발행 • 2000년 8월 17일 3판

저자 • 서석연
발행인 • 서덕일
발행처 • 도서출판 문예림

출판등록 • 1962년 7월 12일 제2-110호
주소 • 서울 광진구 군자동 195-21호 문예B/D 201호
전화 • 02-499-1281~2   팩스 • 02-499-1283
http://www.bookmoon.co.kr
E-mail:moonyea@thrunet.com

ISBN 89-7482-052-8 (33750)

■ 잘못된 책은 구입하신 서점에서 교환하여 드립니다.
■ 지은이와의 협의에 의해 인지는 생략합니다.